U0739155

职业教育创新融合系列教材

汽车驾驶与交通安全

▶▶ 第三版

刘凤波　主编
李岳忠　张 金　副主编

QICHE JIASHI
YU JIAOTONG ANQUAN

化学工业出版社
·北京·

内容简介

本书内容包括汽车基本结构和"人、车、路"系统基本知识，现行的道路交通安全法律、法规和规章及其具体应用，汽车基础驾驶技能，汽车道路驾驶技能以及机动车驾驶证的申办、考试规定等。全书以新修订的法律法规为依据，力求结合实际，突出实用性。书中每章有学习目标、本章小结和思考题。另外，本书有配套电子课件。

本书可作为高职高专汽车类专业选修课教材和高职高专院校的全校性公共选修课教材，也适合汽车驾驶与交通管理人员使用。

图书在版编目（CIP）数据

汽车驾驶与交通安全 / 刘凤波主编 . -- 3 版 .

北京 ： 化学工业出版社，2025.8. --（职业教育创新融合系列教材）. -- ISBN 978-7-122-48208-2

Ⅰ. U471.1；U491.4

中国国家版本馆CIP数据核字第2025BE4350号

责任编辑：韩庆利　　　　　　　　　　文字编辑：吴开亮
责任校对：田睿涵　　　　　　　　　　装帧设计：史利平

出版发行：化学工业出版社（北京市东城区青年湖南街13号　邮政编码100011）
印　　装：河北京平诚乾印刷有限公司
787mm×1092mm　1/16　印张11$\frac{1}{2}$　字数277千字　2025年10月北京第3版第1次印刷

购书咨询：010-64518888　　　　　　　　售后服务：010-64518899
网　　址：http://www.cip.com.cn
凡购买本书，如有缺损质量问题，本社销售中心负责调换。

定　　价：45.00元

前言

　　《汽车驾驶与交通安全》自出版以来，受到了各高职院校师生及广大社会读者的欢迎。为了深入贯彻落实党的二十大精神，落实立德树人根本任务，对接产业发展、对应职业需求，在当前我国汽车产业和交通事业迅猛发展的大背景下我们修订了本书，期望为读者提供更新的学习内容。

　　全书共七章，在介绍了汽车基本结构和"人、车、路"系统基本知识的基础上，分别介绍了现行的道路交通安全法律、法规和规章及其具体应用，汽车基础驾驶技能，汽车道路驾驶技能以及机动车驾驶证的申办、考试规定等方面的内容。本书以新修订的法律法规为依据，力求结合实际，突出实用性。通过本书的学习并结合报考机动车驾驶证，学生可增加一项基本技能，提高就业竞争力。

　　本书可供高职高专汽车类专业作为专业选修课教材和高职高专院校的全校性公共选修课教材，也可作为汽车驾驶与交通管理人员的参考用书。

　　本书第三版邀请了辽宁省道路运输协会共同参与修订，参加编写的人员有刘凤波、李岳忠、张金、张文文、孙铎、于平川（辽宁省道路运输协会）、朱庆云（辽宁省道路运输协会）等。本书由刘凤波担任主编并统稿，李岳忠、张金担任副主编。

　　为方便教学，本书有配套电子课件，可赠送给用本书作为授课教材的院校和老师。

　　由于编者水平有限，书中难免有疏漏和不妥之处，敬请广大读者批评指正。

编者

目 录 ≪≪≪

第一章

汽车工业与道路交通发展概况

学习目标

1. 了解国内外汽车工业发展概况。
2. 了解我国公路交通发展概况。

第一节 国内外汽车业发展概况

　　汽车是重要的交通运输工具，是科学技术发展水平的标志。汽车工业是资金密集、技术密集、人才密集、综合性强、经济效益高的产业。世界各个工业发达国家几乎无一例外地把汽车工业作为国民经济的支柱产业。汽车的研发、生产、销售、营运，与国民经济许多部门息息相关，对社会经济建设和科学技术发展起着重要的推动作用。

　　汽车也是社会物质生活发展水平的标志。汽车的保有量随着国民人均收入水平的提高而增加。在许多发达国家中，汽车的数量很多并早已普及到千家万户，促使人的社会生活方式发生了显著的变化。近年我国汽车工业迅猛发展，汽车数量大幅度增加，家庭拥有轿车比例迅速增加。但是，汽车数量过多也造成噪声污染、空气污染、道路拥堵、事故频发、停车场短缺等社会问题。所以，汽车工业还必须以性能优异的产品来适应环境保护、交通管理等方面的法律法规和政策的严格限制。同时，与汽车工业发展相适应的配套基础设施建设和现代化的交通管理措施必须跟上发展的步伐。城市交通如图1-1所示。

　　自第一辆汽车1886年问世至今一百余年间，汽车工业从无到有，迅猛发展，产量大幅度增加，技术日新月异。汽车是一种物化的文化，也是现代化水平的反映。在发达国家，汽车已成为人们生活的一部分。美国每百人拥有汽车55辆，德国为54辆，平均两个人就拥有一辆汽车。在美国，每六个企业中就有一个企业依赖于汽车的生产、发送、服务或使用，汽车工业扩大了钢铁和橡胶的产量，还推动了石化、玻璃、纺织以及其他工业领域技术的进步。德国则有超过500万人从事与汽车相关的职业，创造的价值占国家工业总收入的1/6，

图1-1　城市交通

汽车工业纳税占全国总税收的1/4。

自20世纪初至20世纪70年代的数十年间，美国汽车工业一直遥遥领先。日本则是后起之秀，从1950年产量仅3万辆迅速跃至1970年的529万辆，继而在1980年达到1104万辆，开始超过美国而居世界第一位。之后，日美两国交替占据世界汽车产量第一的位置。2006～2008年，日本汽车产量连续三年位居世界第一。日本、美国、欧洲等资本主义国家和地区发展汽车工业的特点是资本集中垄断，利用高科技优势，采取大批量生产方式。例如美国的通用、福特、克莱斯勒三大汽车公司垄断了美国90%以上的汽车生产，西方八大汽车集团的轿车产量占世界轿车产量将近70%。

资本主义世界的经济衰退、能源危机、政局动荡、市场竞争激烈等许多因素对汽车工业影响很大。近年来，许多发达国家的汽车保有量和需求量已渐趋饱和，汽车工业在20世纪50～60年代迅速发展的势头已减缓，企业间竞争激化，贸易保护主义迅速蔓延。美国的汽车产量连年上下波动，西欧汽车产量停滞不前，企业不景气和严重亏损导致股权转让以及兼并改组。世界各大汽车公司为了在激烈的竞争中求生存，采取将产品输出变为资本输出的对策，寻求多样化的国际合作方式，实现跨国经营。多边合作、联合生产、合资入股、渗透兼并等方式使跨国公司日益扩大，汽车的生产经营渐趋国际化。中国、印度、巴西等发展中国家大量合资汽车企业的出现，就是汽车生产经营国际化的体现。

与此同时，一些新兴工业国家和发展中国家的汽车工业正在崛起。其中不少国家都用优惠政策吸引外资，引进先进技术和装备、进口全拆散零件（CKD）装车，逐步提高国产零件的装车比率，进而使主要部件自给，然后扩大零部件及整车出口来发展自己的汽车工业。西班牙、巴西、韩国等国就是采取这种模式使汽车工业迅速发展的。这些国家由于经济发展和国民收入逐年增长，对汽车的需求量不断增加，促使汽车工业迅速发展。另一些发展中国家也有采取合资经营或进口半拆散零件（SKD）装车等方式发展自己的汽车工业。可是，发展中国家要振兴汽车工业，都不同程度地面临工业基础薄弱、技术落后、资金匮乏、原料短缺、人才不足、销路不畅等种种困难。汽车生产线如图1-2所示。

图1-2　汽车生产线

中国的汽车工业是在 1949 年中华人民共和国成立以后才建立起来的。经过 70 多年的艰苦创业、巩固、调整与发展，已形成相当的规模，并明确了发展方向，为迅速腾飞奠定了较好的基础。中国汽车工业自 20 世纪 80 年代以来，发展势头迅猛。特别是近年来中国汽车工业呈现出井喷式的发展，2004 年中国汽车产量突破了 500 万辆，2005 年中国汽车产销量达到 570 万辆，成为世界汽车销售增长最快的地区。2009 年，中国汽车产销量双双突破 1300 万辆，成为世界第一汽车生产和消费国。据中国汽车工业协会汽车产销统计，2023 年我国汽车工业再次取得良好成绩：全国汽车产销 3016.1 万辆和 3009.4 万辆，同比分别增长 11.6% 和 12%，产销创历史新高。

中国汽车工业近些年的发展有目共睹，尤其在新能源汽车方面，我国新能源汽车产销量连续数年位居全球第一，市场份额不断扩大。2023 年，中国新能源汽车的产销分别完成了 958.7 万辆和 949.5 万辆，同比分别增长 35.8% 和 37.9%，市场占有率达到 31.6%，国内新能源车渗透率超 50% 的目标在 2024 年一季度提前实现。同时，中国新能源汽车的出口量也再创新高，2023 年实现出口 120.3 万辆，同比增长 77.6%，全球市场份额超过六成。中国新能源汽车已经形成了具有竞争力的完整产业链，国内品牌生产能力和市场占有率不断提升。这得益于政府的大力扶持和企业的积极投入，使得中国新能源汽车在电池、电机、电控等核心技术领域取得了重要突破，推动了全国乃至全球道路交通电动化转型稳步前进。中国新能源汽车在智能化、网联化等方面也取得了重要的进展。随着人工智能、物联网等技术的不断发展，新能源汽车正逐渐实现智能化、网联化，为用户提供了更加便捷、智能的出行体验。

我国传统汽车工业在近年来取得了显著的发展，但在某些方面仍存在一些不足之处。首先，技术创新和自主研发能力相对较弱，很多关键技术仍依赖于进口，缺乏核心竞争力。其次，品牌影响力有限，与国际知名品牌相比，我国汽车品牌在知名度、美誉度和市场份额上仍有较大差距。再次，环保和节能技术的推广与应用还存在滞后现象，对于满足日益严格的环保法规和降低能耗要求仍需进一步加强。此外，汽车产业链中的供应链管理和售后服务等方面也存在一些不足，需要进一步完善和提升。综上所述，我国传统汽车工业在技术创新、品牌建设、环保节能以及产业链管理等方面仍有待加强和改进。

第二节　我国公路交通发展概况

我国公路运输在客运量、货运量、客运周转量等方面均遥遥领先于其他运输方式。在今后较长的一段时间内，我国公路运输需求将随着社会经济的进一步发展继续保持快速增长趋势。

从我国公路运输需求的地域分布情况来看，随着"一带一路"、西部大开发战略的实施，东北等老工业基地的振兴，东北地区、中西部地区公路运输量的增长速度将呈现出逐步加快的趋势，但在较长的一段时期内，东部地区公路运输量所占的比重仍居于主导地位。

人均出行次数的增加使我国公路客运量增长速度加快。随着人民生活水平的提高、私人汽车在家庭中的普及，预计我国公路客运的人均出行次数将继续保持高增长。随着工业化的进一步发展，货物运输中大宗货物、初级产品所占的份额将继续下降，公路的货运强度将呈逐步降低趋势，但对运输的服务水平和服务质量有更高的要求。立体交通如图 1-3 所示。高速公路交通如图 1-4 所示。

图1-3　立体交通

我国公路发展大致如下。

从中华人民共和国成立初期至 1978 年。20 世纪 50～60 年代，根据当时形势需要和条件，公路建设基本是在原大车道、便道基础上修补改造进行，也有相当部分的公路是人民解放军在进军途中边行军边施工的"急造公路"。之后，依靠国边防公路建设投资和"民工建

图1-4　高速公路交通

勤"等方式，全国公路通车里程增长较快，达到 89 万公里，其中干线公路约 23.7 万公里，县乡公路约 58.6 万公里，企事业单位专用公路约 6.6 万公里，但公路等级普遍很低，与当时国内汽车工业水平相比，特别是与缓慢的经济发展要求相比，总体上尚能适应。

从 1978 年至 1985 年。这一阶段国民经济发展较快，交通紧张问题凸现，交通运输系统结构不合理问题逐渐暴露，国家开始着力调整国民经济结构，加强以铁路为中心的运输基础设施的建设，对公路建设事业也给予了相应重视。至"六五"结束时，公路通车总里程增长到 94.24 万公里，其中一级公路 422 公里，四级及等外公路 79.23 万公里。"六五"期间公路通车里程年均增长 1.1 万公里。

"七五"时期，国家明确交通运输是国民经济发展的瓶颈产业，国务院批准设立公路建设专项基金和车辆购置附加费，专门用于公路建设。根据我国人口密度大，车辆技术水平差异大，大量农用拖拉机、牲畜车上路运输的国情，首次明确提出汽车专用公路的概念，国家开始较大规模地建设汽车专用公路，建成了沈阳至大连、上海至嘉定等高速公路，实现了我国大陆高速公路零的突破。"七五"期末，公路通车总里程为 102.8 万公里，其中高速公路 522 公里，一级公路 2617 公里，四级及等外公路 61.3 万公里。公路通车里程年均增长 1.7 万公里。

"八五"初期，根据国民经济发展对交通运输的总体要求，以及社会主义市场经济建设的特点，我国在总结以往公路建设经验后，提出公路建设的方针是"普及与提高相结合，以提高为主"，使公路建设事业能够更好地适应经济结构转变以及人民生活水平提高对公路运输质量的要求。为突出重点，在国道网规划基础上研究形成了"五纵七横"12 条国道主干线规划。这一时期我国公路建设利用外资成绩斐然，对加快我国公路建设事业发展，提高公路设计、养护、管理水平起到了极大的推动作用。

"八五"以后，公路建设的特点是高等级公路通车里程增长迅速，到 1996 年底，全国公路通车总里程已达 118.6 万公里，其中高速公路 3422 公里，在一些大经济区域内，已经形成以高速公路为主的高等级干线公路网，如沈阳、大连、北京、天津、石家庄、德州、济南、青岛等环渤海湾地区，武汉、合肥、南京、上海、杭州、宁波等长江中下游地区以及广州、深圳、珠海等珠江三角洲地区。

"九五"期间，集中力量建设"三纵两横"和两条重要国道主干线公路，除部分路段外，基本以高速公路或汽车专用公路贯通。五年新增通车里程 10 万公里（含中西部地区约 6 万公里），其中高速公路 4000 公里，汽车专用公路 7000 公里，一般二级公路 25000 公里。到 2000 年，通车里程达 126 万公里，其中高速公路 6141 公里，汽车专用路 2 万公里，二级以上公路 13 万公里。

三纵：同江—三亚公路，全线除哈尔滨—长春、温州—宁德、漳州—汕头及湛江—海安等路段需转入"十五"计划建设外，其余基本建成；北京—珠海公路，全线除河南许昌—湖北大悟、武汉经岳阳到长沙及广东韶关—广州段需转入"十五"计划建设外，其余基本建成；重庆—北海公路，除重庆綦江—贵州遵义段及广西六寨—南宁段需转入"十五"计划建设外，其余基本建成。

两横：连云港—霍尔果斯公路，新疆奎屯以东以高等级公路标准基本建成；上海—成都公路，除重庆长寿—湖北宜昌段对现有的公路改造外，其余以高等级公路标准基本建成。

两条重要国道主干线：北京—沈阳和北京—上海公路，基本建成。

2001～2010 年重点建设"五纵七横"国道主干线中余下的"两纵五横"主要路段；加快建设国道主干线系统以外交通特别繁忙的其他高等级公路，改善和提高边境口岸公路标准，完成川藏、青藏等国防公路的整治和改造；积极扶持未通车的行政村公路建设，实现行政村基本通公路。

从数据上看，我国的公路里程在持续增长。截至 2022 年底，我国公路里程达到 535.48 万公里，其中高速公路里程达 17.73 万公里，是全球最大的高速公路网络。在 2022 年，全国新增高速公路里程 8181 公里，年末里程达到 17.7 万公里，均稳居世界首位。2024 年，中国公路基建领域迎来了前所未有的大爆发。全国范围内共有 240 个大项目获得批准，总投资额高达 1.8 万亿元人民币。这些项目不仅涵盖了高速公路、国省道等主干线公路，还包括了许多地方性的县乡公路和农村公路。这一大规模的投资计划预示着公路养护行业将面临更大的挑战和机遇。

中国公路建设在政策层面也得到了大力支持。政府将加大对农村地区公路建设的投入，提高农民的出行便利度，推动农村经济的发展。同时，公路建设政策还注重提高公路交通的安全性、环保性和智能化水平。例如，在公路规划和建设中，将优先考虑交通安全因素，提高道路的设计标准，加强交通标志和标线的设置，从源头上提高交通的安全性。政府还将加强对驾驶人的培训和考核，提高驾驶人的交通安全意识和素养。在环保方面，政府将加强对公路建设的生态环保的要求，优化设计和施工工艺，减少土地开发和改造对自然环境的破坏。同时，政府还将积极推动公路绿化和植被恢复工作，提高公路沿线的景观品质和生态效益。在智能化方面，政府将推动智能交通系统的发展，提高公路的智能化水平。

📄 **本章小结** ▶▶

　　本章主要介绍了我国及世界主要汽车生产国的汽车工业发展情况和我国公路交通发展情况。通过本章的学习，应使学生对国内外汽车工业及我国公路交通的发展情况有一个概括的了解，同时对汽车、道路对交通安全的影响有一个初步的认识。

👥 **思考题** ▶▶

1. 我国汽车工业的发展情况及其带来的社会问题。
2. 现阶段我国公路交通建设的重点是什么？

第二章

汽车构造基础知识

学习目标

1．了解汽车总体构造及基本原理。
2．掌握汽车操纵系统的结构、功能及操作方法。
3．了解发动机、底盘及电气系统的结构和组成。
4．掌握转向系统、变速系统、制动系统、离合器、仪表照明等的结构、组成及使用方法。

第一节　汽车的总体构造

一、汽车的总体结构

汽车是由各种装置和机构组成的。尽管现代汽车所采用的各种装置和机构以及它们在车上的布置有很多差异，但汽车的总体结构以及主要装置、机构的作用和工作原理都是类似的，具有基本相同的特点。

现代汽车的总体结构主要由四大部分组成，即：发动机、底盘、车身、电气系统。此外，一些特种用途的汽车还具有各种附属装置和设备。图2-1所示为一般商用车的总体结构。

1．发动机

发动机是汽车的动力装置。其作用是将燃料燃烧的热能转变成机械能，驱动汽车行驶。现代汽车上的发动机绝大多数是往复活塞式发动机，以汽油或轻柴油为燃料。

2．底盘

底盘接受来自发动机的动力，驱动汽车产生运动，并保证汽车正常行驶。底盘由传动系、行驶系、转向系、制动系等部分组成。

（1）传动系　将发动机输出的动力传递给驱动车轮。机械式传动系由离合器、变速器、传动轴及驱动桥（包括主减速器、差速器、半轴、桥壳）等总成和零部件组成。

图2-1　一般商用车总体结构

1—前保险杠；2—转向轮；3—发动机；4—离合器；5—变速器；6—驻车制动器；7—前传动轴；
8—车架；9—传动轴；10—万向节；11—驱动车轮；12—后悬架；13—后桥；14—油箱；
15—蓄电池；16—转向盘；17—制动踏板；18—离合器；19—起动机；
20—前桥；21—发动机；22—前悬架

（2）行驶系　接受由发动机经传动系传来的转矩并转化为驱动力；传递并承受路面作用于车轮上的各反力及其力矩；缓和不平路面对车身造成的冲击和振动，保证其行驶平顺性；与转向系配合工作，实现汽车行驶方向的正确控制，保证汽车的操纵稳定性。主要由车架、车桥（包括前桥和后桥）、悬架（包括前悬架和后悬架）、车轮等总成组成。

（3）转向系　转向系的作用是保证汽车能够按照驾驶员所给定的方向行驶。主要由转向盘、转向器和转向传动装置组成。

（4）制动系　制动系的作用是保证汽车能够迅速降低速度以至停车。它由制动器和制动传动装置组成。

3．车身

车身用以安置驾驶员、乘客或装载货物。车身的结构取决于汽车的用途。对于客车来说，车身有完整的封闭或敞篷车身，内设座椅。对于载货汽车来说，车身则由驾驶室和货箱两部分组成。

4．电气系统

电气系统主要由电源、启动、照明与信号等部分组成。在采用汽油发动机的汽车中，还包括发动机的点火系。

以上所述是目前使用的大多数汽车的总体结构形式。有时为了适应不同使用要求及改善汽车某一方面的使用性能，汽车总体结构可做某些改变，这主要取决于汽车的用途及使用性能的要求。同时，随着汽车技术的不断发展，汽车的总体结构和各总成、零部件的结构形式必将不断发展和改进。

二、汽车的类型

随着汽车用途的日益广泛，汽车的类型趋于多样化。旧分类标准是1988年依照GB/T

3730.1—88 制订的，各类按照不同的划分标准进行了细分类。

（1）货车（载货汽车）　按照总质量大小划分：重型货车（总质量＞14t）；中型货车（6t＜总质量≤14t）；轻型货车（1.8t＜总质量≤6t）；微型货车（总质量≤1.8t）。

（2）客车　按照车身长度划分：大型客车（车长＞10m）；中型客车（7m＜车长≤10m）；轻型客车（3.5m＜车长≤7m）；微型客车（车长≤3.5m）。

（3）轿车　按照排量划分：高级轿车（排量＞4L）；中高级轿车（2.5L＜排量≤4L）；中级轿车（1.6L＜排量≤2.5L）；普通级轿车（1.0L＜排量≤1.6L）；微型轿车（排量≤1.0L）。

（4）自卸汽车　自卸汽车也是货车，其特点是货箱能自动举升并倾斜（后倾或侧倾），自动卸下散装货物，因而可大大减少卸货工作量。

（5）越野汽车　是一种可用于非公路或无路地区的载人、载货或牵引各种装备的高通过性能汽车。越野汽车有军用和民用两种，包括全轮驱动式、履带式和水陆两用式等。

（6）牵引汽车和汽车列车　专门或主要用于牵引挂车的汽车称为牵引汽车。汽车列车一般是指由一辆带有动力装置的汽车或牵引汽车和一节或两节无动力装置的挂车组成的列车。挂车又分为全挂车和半挂车两种。前者所指的是其总质量绝大部分由它本身承受的挂车，后者是指其总质量中相当一部分由牵引汽车承受的挂车。

（7）特种用途汽车　这种汽车主要是指执行运输以外的特种任务的车辆。有些特种用途汽车是在普通汽车底盘上装设不同的专用设备，以便进行某种特殊作业，有些特种用途汽车则是专门设计的。特种用途汽车种类繁多，例如汽车吊车、冷藏车、消防车、油罐车等。

2023 年 7 月 1 日我国正式实施《汽车、挂车及汽车列车的术语和定义　第 1 部分：类型》（GB/T 3730.1—2022）新标准，该标准按类型的基本术语和定义将汽车划分为四个类别：乘用车、客车、载货汽车及专用汽车。类别具体情况如下：

（1）乘用车（passenger car）　设计、制造和技术特性上主要用于载运乘客及其随身行李和 / 或临时物品，包括驾驶员座位在内最多不超过 9 个座位的汽车。

注：乘用车可能装备一定的专用设备或器具，也可能牵引挂车。

（2）客车（bus）　设计、制造和技术特性上用于载运乘客及其随身行李，包括驾驶员座位在内的座位数超过 9 个的汽车。

注：客车可能牵引挂车。

（3）载货汽车（goods vehicle）　设计、制造和技术特性上主要用于载运货物和 / 或牵引挂车的汽车，也包括装备一定的专用设备或器具但以载运货物为主要目的，且不属于专项作业车、专门用途汽车的汽车。

（4）专用汽车（special vehicle）　设计、制造和技术特性上，用于载运特定人员，运输特殊货物（包括载货部位为特殊结构），或装备有专用装置用于工程专项（包括卫生医疗）作业或专门用途的汽车。

注：专用汽车包含专用乘用车、专用客车、专用货车、专项作业车、专门用途汽车。

① 专项作业车（special operation vehicle）。装备有专用设备或器具，设计、制造和技术特性上用于工程专项（包括卫生医疗）作业的汽车，但不包括装备有专用设备或器具而座位数（包括驾驶员座位）超过 9 个的汽车（消防车除外）。

注：通常包括汽车起重机、消防车、混凝土泵车、清障车、高空作业车、扫路车、吸污车、油田专用作业车、检测车、监测车、电源车、通信车、电视车、采血车、医疗车、体检医疗车等。

② 专门用途汽车（special purpose vehicle）。装备有专用设备或器具，设计、制造和技术特性上具有专门用途，但不属于专项作业车、专用乘用车、专用客车、专用货车的其他作业类专用汽车。

示例：货车类教练车、工具车等。

注：客车、载货汽车、专项作业车、专门用途汽车统称为商用车，商用车指设计、制造和技术特性上用于运送人员和货物的汽车（乘用车除外），可以牵引挂车。

三、汽车产品的编号规则

1988 年国家颁布了国家标准 GB 9417—88《汽车产品型号编制规则》。汽车型号应能表明汽车的厂牌、类型和主要特征参数等。该项国家标准规定，国家汽车型号均应由汉语拼音字母和阿拉伯数字组成。汽车型号包括如下三部分。

首部——由 2 个或 3 个汉语拼音字母组成，是识别企业名称的代号。例如：CA 代表第一汽车制造厂，EQ 代表第二汽车制造厂，TJ 代表天津汽车制造厂等等。

中部——由四位阿拉伯数字组成，第一位数字代表该车的类别；第二、三位代表各类汽车的主要特征参数，第四位则代表产品的序号，如表 2-1 所示。

表2-1　汽车产品编号数字及意义

首位数字表示车辆的类别		中间两位数字表示各类汽车的主要特征参数	最末位数字表示
载货汽车	1		
越野汽车	2		
自卸汽车	3	表示汽车的总质量（t）	
牵引汽车	4		
专用汽车	5		企业自定产品序号
客　车	6	表示汽车的总长度（0.1m）	
轿　车	7	表示发动机的工作容积（0.1L）	
	8		
半挂车及专用半挂车	9	表示汽车的总质量（t）	

后部——有些车在四位数字后还有一些字母，这些字母没有准确的定义，是由产生厂家自定义的。

例如：

BJ2020S—BJ 代表北京汽车制造厂，2 代表越野车，02 代表该车总质量为 2t，0 代表该车为第一代产品，S 为厂家自定义。

TJ7131U—TJ 代表天津汽车制造厂，7 代表轿车，13 代表排气量为 1.3L，1 代表该车为第二代产品，U 为厂家自定义。

注意：最后一位数字 0 代表的是第一代产品，而不是 1，在此 1 代表的是第二代产品。

第二节　汽车发动机的基本结构及工作原理

一、发动机的总体结构

汽车发动机是汽车的动力来源，是由多个机构和系统组成的复杂机器。现代汽车所采用的发动机结构和形式很多，但是绝大多数是往复活塞式发动机，它将燃料燃烧的热能转变为机械能，按照其所使用燃料的不同可分为汽油机、柴油机和多燃料发动机。虽然各种形式的发动机具体结构各不相同，但不论哪种形式的发动机，其基本结构都是相似的。

1. 汽油机的总体构造

汽油机主要由"两大机构、五大系统"组成，如图 2-2 所示。"两大机构"指曲柄连杆机构和配气机构；"五大系统"指燃料供给系统、冷却系统、润滑系统、点火系统和启动系统。

（1）曲柄连杆机构　曲柄连杆机构是发动机实现热能和机械能转换的核心机构，其功用是将燃料所放出的热能通过活塞、连杆、曲轴等转变成能够驱动汽车行驶的机械能。曲柄连杆机构主要由汽缸体、汽缸盖、活塞、连杆、曲轴和飞轮等机件组成。

（2）配气机构　配气机构的功用是根据发动机的工作需要，适时地打开进气通道或排气通道，以便使可燃混合气（燃料与空气的混合物）及时地进入汽缸，或使废气及时地从汽缸内排出；而在发动机不需要进气或排气时，则利用气门将进气通道或排气通道关闭，以便保持汽缸密封。

（3）燃料供给系统　燃料供给系统的功用是根据发动机的工作需要，配制出一定数量和浓度的可燃混合气并送给汽缸。

燃料供给系统由空气供给系统、燃油供给系统和电子控制系统组成。空气供给系

图2-2　汽油机解剖图

1—曲轴；2—中间轴；3—汽缸体；4—凸轮轴；5—凸轮
轴罩盖；6—排气门；7—气门弹簧；8—进气门；9—气门挺杆；
10—汽缸；11—火花塞；12—飞轮；13—油底壳；
14—活塞；15—连杆总成；16—集滤器

主要由空气滤清器、空气流量计（或进气压力传感器）、进气管、节气门体、进气歧管等组成；燃油供给系统主要由油箱、电动燃油泵、进回油管、燃油滤清器、燃油压力调节器、喷油器等组成；电子控制系统主要包括 ECU 和各种传感器。

（4）点火系统　点火系统的功用是根据发动机的工作需要，及时地点燃汽缸内的混合气。

按照对点火时刻控制方式不同，点火系统可分为传统点火系统、普通点火系统和计算机控制点火系统三种。传统点火系统利用机械装置控制点火时刻，通常由蓄电池、发电机、点火线圈、断电器、分电器、点火提前角调节器、火花塞和点火开关等组成；普通点火系统利用电子点火器控制点火时刻，其组成与传统点火系统类似，只是用电子元件取代了断电器，但仍保留部分机械装置，如真空式点火提前角调节器和离心式点火提前角调节器；计算机控制点火系统是一种全电子点火系统，完全取消了机械装置，由电控系统来控制点火时刻，通常包括蓄电池、发电机、点火线圈、分电器（有些无分电器）、火花塞和电子控制系统等。

（5）冷却系统　冷却系统的功用是帮助发动机散热，以保证发动机在最适宜的温度下工作。

发动机的冷却系统可分为水冷式和风冷式两种。水冷式冷却系统通常由水套、水泵、散热器、风扇、节温器等组成。风冷式冷却系统主要由风扇、散热片组成。

（6）润滑系统　润滑系统的功用是向做相对运动的零件表面输送清洁的润滑油，以减少摩擦和磨损，并对摩擦表面进行清洁和冷却。

（7）启动系统　启动系统的功用是使发动机由静止状态进入到正常工作状态。启动系统包括启动机及其附属装置。

2. 柴油机的总体构造

四冲程水冷式柴油机由"两大机构、四大系统"组成，"两大机构"是指曲柄连杆机构和配气机构，"四大系统"是指燃料供给系统、润滑系统、冷却系统、启动系统。

柴油机的曲柄连杆机构、配气机构、润滑系统、冷却系统、启动系统与汽油机基本相同。由于柴油机采用压燃式着火方式，所以不需要点火系统。此外，由于柴油机与汽油机使用的燃料不同，燃料供给系统存在较大的差异，柴油机的燃料供给系统通常利用高压油泵将柴油压力提高后，再利用喷油器将高压柴油直接喷入汽缸。

二、发动机的工作原理

1. 单缸四冲程汽油机的工作原理

四冲程汽油机每一个工作循环都有四个活塞行程，按其作用分别称为进气行程、压缩行程、做功行程和排气行程，如图2-3所示。

（1）进气行程　在进气行程中，活塞由曲轴带动由上止点向下止点运动，此时排气门关闭，进气门开启。由于活塞由上止点向下止点运动的过程中，汽缸内容积逐渐增大，形成一

| (a) 进气行程 | (b) 压缩行程 | (c) 做功行程 | (d) 排气行程 |

图2-3　单缸四冲程汽油机工作原理

定的真空度，所以混合气通过进气门被吸入汽缸。当活塞到达下止点时，整个汽缸内充满了混合气。

（2）压缩行程　进气行程结束后，活塞在曲轴的带动下由下止点向上止点运动，此时排气门仍处于关闭状态，而进气门开始逐渐关闭。随着活塞的向上运动，汽缸内容积减小，由于进气门和排气门均处于关闭状态，进入汽缸内的混合气被压缩，其温度和压力升高，直到活塞到达上止点时压缩行程结束。

（3）做功行程　当活塞运动接近压缩行程上止点时，火花塞跳火点燃汽缸内的混合气，此时进气门和排气门均处于关闭状态，汽缸内的气体温度和压力同时升高，从而推动活塞从上止点向下止点运动，并通过连杆推动曲轴旋转输出机械能。

（4）排气行程　做功行程结束时，汽缸内的气体将活塞推至下止点，汽缸内的混合气也因燃烧变为废气。此时排气门打开，进气门仍处于关闭状态，活塞在曲轴的带动下从下止点向上止点运动，汽缸内的废气经排气门排出，直到活塞到达上止点排气行程结束。

发动机工作时，需要连续不断地进行循环，在每一个循环中都依次完成进气、压缩、做功、排气四个行程。

2. 单缸四冲程柴油机的工作原理

单缸四冲程柴油机的工作原理与单缸四冲程汽油机的工作原理相似，每个工作循环也是由进气、压缩、做功和排气四个行程组成。但是由于柴油与汽油的性质不同，柴油机混合气的形成方式及着火方式等与汽油机有很大的区别。

单缸四冲程柴油机与单缸四冲程汽油机各行程的区别如下。

（1）进气行程　在此行程进入汽缸的是纯空气，而不是混合气。

（2）压缩行程　柴油机比汽油机压缩比大，压缩终了时温度和压力都比汽油机高。

（3）做功行程　柴油机在压缩接近终了时，喷油器将高压柴油喷入汽缸中，与汽缸内的高温高压的空气相混合，形成的混合气立即着火燃烧，汽缸内的压力和温度急剧升高，活塞被向下推动做功。

（4）排气行程　与汽油机基本相同。

3. 多缸四冲程发动机的工作原理

多缸四冲程发动机的每一个汽缸的工作循环都与单缸四冲程发动机相同，但各缸的做功行程并不同时进行，而是按照一定的顺序进行。不论是几缸四冲程发动机，曲轴每转两周，各缸轮流做功一次，且各缸做功行程间隔的曲轴转角均匀一致。多缸发动机各缸的做功间隔角为 $720°/I$（I 为汽缸数）。汽缸数越多，发动机工作越平稳，但汽缸数增多会使发动机的结构复杂，并使其尺寸和质量增大。

第三节　汽车底盘的基本结构及工作原理

一、汽车底盘的基本组成和功用

汽车底盘由传动系、行驶系、转向系和制动系等四大系统组成，其功用为接受发动机的动力，使汽车运动并保证汽车能够按照驾驶员的操纵而正常行驶。图 2-4 所示为常见货车的底盘结构图。

图 2-4　常见货车的底盘结构
1—前轴；2—前悬架；3—前轮；4—离合器；5—变速器；6—驻车制动器；
7—传动轴；8—驱动桥；9—后悬架；10—后轮；11—车架；12—转向盘

1. 传动系

传动系是指从发动机到驱动车轮之间所有动力传递装置的总称。传动系的功用是将发动机的动力传给驱动车轮。不同的汽车，其底盘的组成稍有不同：如载货汽车及部分轿车，其底盘一般是由离合器、变速器、万向传动装置（万向节和传动轴）、驱动桥（主减速器、差速器、半轴、桥壳）等组成，如图 2-5 所示；而现代轿车中采用自动变速器的越来越多，其底盘包括自动变速器、万向传动装置、驱动桥等，即用自动变速器取代了离合器和手动变速器；如果是越野汽车（包括 SUV，即运动型多功能车），还应包括分动器。

图2-5　汽车传动系的组成

1—离合器；2—变速器；3—传动轴；4—驱动桥；5—差速器；6—半轴；7—主减速器

传动系各组成的功用如下。

（1）离合器　保证换挡平顺，必要时中断动力传动。

（2）变速器　变速、变矩、变向、中断动力传动。

（3）万向传动装置　实现有夹角和相对位置经常发生变化的两轴之间的动力传动。

（4）主减速器　将动力传给差速器，并实现降速增矩、改变传动方向。

（5）差速器　将动力传给半轴，并允许左右半轴以不同的转速旋转。

（6）半轴　将差速器的动力传给驱动车轮。

2. 行驶系

行驶系一般由车架、悬架、车桥和车轮等组成，如图2-6所示。车轮通过轴承安装在车桥两边，车桥通过悬架与车架（或车身）连接，车架（或车身）是整车的装配基体。汽车行驶系的功用是：

（1）支承汽车的重量并承受、传递路面作用在车轮上的各种力。

（2）接受传动系传来的转矩并转化为汽车行驶的牵引力。

（3）缓和冲击，减少振动，保证汽车平顺行驶。

图2-6　汽车行驶系的组成

1—车架；2—后悬架；3—驱动桥；4—后轮；5—转向桥；6—前轮；7—前悬架

3. 转向系

转向系的功用是保证汽车能够按照驾驶员选定的方向行驶。其主要由转向操纵机构、转向器、转向传动机构组成。现代汽车普遍采用动力转向装置。

4．制动系

制动系的功用是使汽车减速、停车并保证可靠驻停。汽车制动系一般包括行车制动系和驻车制动系两套相互独立的制动系统，每套制动系统都包括制动器和制动传动机构。现代汽车的行车制动系一般装配有制动防抱死系统（ABS）。

转向系和制动系都是由驾驶员来操控的，一般可以合称为控制系。

现代汽车中电子控制技术的应用越来越广泛，如在底盘中普遍采用了电子控制自动变速器（EAT 或 ECT）、电子控制防滑差速器（EDL）、电子控制制动防抱死系统（ABS）、电子控制悬架系统（ECS）、电子控制转向系统等。

二、汽车底盘的总体布置

汽车底盘的总体布置与发动机的位置及汽车的驱动方式有关，一般有发动机前置后轮驱动、发动机前置前轮驱动、发动机后置后轮驱动、发动机前置全轮驱动等。

1．发动机前置后轮驱动

发动机前置后轮驱动简称前置后驱，英文简称 FR。图 2-5 所示即为发动机前置后轮驱动，其发动机布置在汽车前部，动力经过离合器、变速器、万向传动装置、后驱动桥，最后传到后驱动车轮，使汽车行驶。这是一种传统的布置形式，其应用广泛，适用于除越野汽车以外的各类型汽车，如大多数的货车、部分轿车和部分客车都采用这种形式。

2．发动机前置前轮驱动

发动机前置前轮驱动简称前置前驱，英文简称 FF。发动机布置在汽车前部，动力经过离合器、变速器、前驱动桥，最后传到前驱动车轮，使汽车行驶。这种布置形式在变速器与驱动桥之间省去了万向传动装置，使结构简单紧凑，整车质量小，高速时操纵稳定性好。大多数轿车采用这种布置形式，但这种布置形式的爬坡性能差，豪华轿车一般不采用，而是采用传统的发动机前置后轮驱动。根据发动机布置的方向可以分为发动机前横置前轮驱动和发动机前纵置前轮驱动，分别如图 2-7、图 2-8 所示。

图2-7　发动机前横置前轮驱动示意图

1—变速器；2—离合器；3—发动机；4—差速器；5—传动轴

图2-8 发动机前纵置前轮驱动示意图

1—变速器；2—主动齿轮；3—差速器；4—车速表齿轮；5—从动齿轮；6—发动机；7—离合器；8—输入轴；
I——挡齿轮；II—二挡齿轮；III—三挡齿轮；IV—四挡齿轮；R—倒挡齿轮

图2-9 发动机后置后轮驱动示意图

1—发动机；2—离合器；3—变速器；4—角传动
装置；5—万向传动装置；6—后驱动桥

3. 发动机后置后轮驱动

发动机后置后轮驱动简称后置后驱，英文简称RR。如图2-9所示，发动机布置在汽车后部，动力经过离合器、变速器、角传动装置、万向传动装置、后驱动桥，最后传到后驱动车轮，使汽车行驶。这种布置形式便于车身内部的布置，减小室内发动机的噪声，一般用于大型客车。

4. 发动机前置全轮驱动

发动机前置全轮驱动简称全轮驱动，英文简称XWD。如图2-10所示，发动机布置在汽车前部，动力经过离合器、变速器、分动器、万向传动装置分别到达前后驱动桥，最后传到前后驱动车轮，使汽车行驶。由于所有的车轮都是驱动车轮，因而提高了汽车的越野通过性能，这是越野汽车采取的布置形式。

图2-10 发动机前置全轮驱动示意图

第四节 汽车电气与电子设备

一、汽车电气系统的组成及特点

汽车电气系统是汽车的重要组成部分，其性能的好坏直接影响到汽车的经济性、可靠性与安全性，现代汽车电气系统所包含的电气设备种类很多，按其用途可大致归纳成以下几个主要部分：电源（包括蓄电池、发电机）、启动装置、点火装置、照明与信号装置、辅助电气设备。

汽车电气系统具有以下特点。

（1）低电压　目前汽车上普遍采用12V电源，而柴油发动机汽车则多采用24V电源。

（2）直流　汽车的电源中有蓄电池，供给的是直流电，同时必须用直流电进行充电，所以汽车电气系统为直流电系统。

（3）单线制　所有用电设备均并联，从电源至各用电设备只用一根导线（俗称火线）连接，而用汽车的底盘、发动机等金属机体作为另一条公共导线（俗称搭铁）。若蓄电池的正极接"火线"，而负极接"搭铁"，称为负极搭铁制。现在一般汽车均为负极搭铁制。

二、电源装置

汽车电气系统所需电能由两个电源供应，即发电机和蓄电池。发电机是由发动机带动而发电的，蓄电池则是靠内部的化学反应来储存电能和向外供应电能，发电机与蓄电池并联连接，互相配合，共同向各用电设备供电。

在发动机正常工作时，发电机由发动机带动发电，用电设备所需电能主要由发电机供给，但在下列场合必须由蓄电池供给：

（1）发动机启动时要用起动机拖转，需由蓄电池供电。

（2）在发动机转速很低时，发电机发出的电压太低，不能满足用电设备要求，这时需由蓄电池供电。

（3）在用电设备负载很大，超过发电机供电能力时，由蓄电池与发电机共同供电。

在平时用电设备负载少而发电机发出的电能有剩余时，便向蓄电池充电，把电能储存起来，到需要的时候再放出去供给用电设备。图2-11所示为电源装置的线路示意图。

在发动机启动时，蓄电池必须在短时间内供给起动机200～600A的强电流（有的柴油机可达1000A）。由于铅蓄电池（或称酸性蓄电池）的内阻小，能迅速供出大电流，因而在汽车上得到广

图2-11　电源装置的线路示意图

泛的应用。

　　汽车上用的发电机有两种，即利用机械换向器整流的直流发电机和利用硅二极管整流的交流发电机。直流发电机工作时，在电刷与换向器之间产生电火花，引起相关零件的烧蚀磨损，不能适应现代汽车发动机向高速化发展的要求。因此，其基本上已被体积小、重量轻、结构简单、维修方便的硅整流交流发电机所取代。

　　硅整流交流发电机由三相同步交流发电机和六支硅二极管构成的三相桥式全波整流器所组成。在发电机停止工作和低速运转时，硅二极管可阻止蓄电池向发电机反向放电。发电机电枢绕组的感抗对发电机有过载保护作用。但发电机发出的电压却不能自行调节，必须另外配用专用的电压调节器来保持发电机端电压稳定，不随转速的变化而变化。发电机端电压的稳定是保证各用电设备正常工作和向蓄电池充电所必需的。

三、启动装置

　　现代汽车的发动机是用电力启动装置来进行启动的。电力启动装置由直流电动机、传动机构及控制机构等三部分构成。

　　（1）启动装置中的电动机是串励式直流电动机，这种电动机的启动转矩大，而且具有轻负荷时转速高、重负荷时转速低的特点，能较好地适应发动机启动时的需要。

　　（2）传动机构的作用是在启动时，使启动电动机轴上的小齿轮向发动机飞轮齿环啮入，将启动电动机的转矩传给发动机曲轴，带动曲轴旋转；启动后，使启动电动机与发动机飞轮齿环自动脱开，以免启动后的发动机拖动启动电动机高速旋转而损坏电动机。

　　（3）控制机构（即开关）用来接通和切断电动机与蓄电池之间的电路。

　　传动机构与控制机构的结构类型很多，图 2-12 所示为常用的电磁操纵式启动装置的工作原理图。

图2-12　电磁操纵式启动装置工作原理

　　由图 2-12 可知，当启动开关闭合时，蓄电池电流由正极出发，经吸引线圈、电动机的励磁绕组和电枢绕组至搭铁构成回路，吸引线圈对活动铁芯产生吸力，而且电动机也开始缓慢旋转。与此同时，电流流经保持线圈，保持线圈与吸引线圈的吸引力方向相同。于是使活动铁芯向左移动，并通过拨叉将小齿轮推出与飞轮齿环啮合，当小齿轮进入啮合后，活动铁芯的接触盘将触头接通，蓄电池电流便经触头流向电动机，使电动机产生足够的转矩带动曲轴旋转。这时，吸引线圈被短路，活动铁芯靠保持线圈的吸力保持在吸合位置上。

发动机启动后，启动开关断开，保持线圈中的电流经过吸引线圈和接触盘、触头构成回路，由于此时两线圈所产生的磁通方向相反而互相抵消，于是活动铁芯在回位弹簧作用下回至原位，使小齿轮退出，接触盘脱离触头，切断了电路，电动机便停止转动。

四、点火装置

现代汽油发动机汽缸内的燃料和空气的混合气采用高压电火花点火，为此必须有专门的点火装置。

长期以来，汽车上广泛采用蓄电池点火装置。今后，随着汽油发动机技术经济指标的不断提高，这种传统的点火装置将逐渐被电子点火装置所取代。

蓄电池点火装置由电源（蓄电池或发电机）、点火线圈、断电器、配电器、火花塞等部分组成，图2-13是蓄电池点火装置的工作原理图。

图2-13　蓄电池点火装置工作原理

点火线圈相当于一个自耦变压器，其初级绕组导线粗、匝数少（一般为230～370匝），次级绕组导线圈细、匝数多（一般为11000～26000匝）。断电器的凸轮由发动机的配气凸轮轴驱动旋转，交替地将断电器触点闭合和打开。在点火开关SW接通的情况下，当触点闭合时，初级绕组回路接通，初级电流在线圈铁芯中形成磁场。经一定时间后，当凸轮将触点打开时，初级电路被切断，初级电流消失，它所形成的磁场也随之迅速变化，在初级和次级两个绕组中都感应出电动势。由于次级绕组匝数多，因而感应出15～20kV的电动势，它足以击穿火花塞电极间隙，产生火花点燃混合气。配电器轴每转一圈，各缸按点火顺序轮流点火一次。若要停止发动机的工作，只要断开点火开关切断初级电流即可。

五、照明与信号装置

为了保证汽车在夜间的行驶安全，现代汽车上装有多种照明设备，用来照明路面、标示车辆宽度、警示后续车辆以及照明车内仪表等。信号装置则用于警告行人或其他车辆，显示转向、制动及倒车等状态。

1. 前照灯

前照灯用于夜间行驶时照明路面，每车安装两只或四只。世界各国交通管理部门一般以法律形式规定了汽车前照灯的照明特性，以确保夜间行车的安全。我国国家标准 GB 4599—2024 对前照灯的配光性能作了明确规定。

对前照灯配光性能的基本要求有两点：其一是对车前方路面有明亮而均匀的照明，使驾驶员能看清车前 100m 以内的障碍物；其二是两车迎面相遇时，不应使对方驾驶员目眩，以免造成事故。为了兼顾这两项基本要求，在前照灯的结构上作了种种努力。一般前照灯内都有两组灯丝。一组称远光灯丝，该组灯丝发出的光线经反射镜反射后，平行射向远方，用于没有对面来车时照明路面。另一组称为近光灯丝，其照明距离较近，但可避免对方驾驶员目眩，用于与对面来车会车时。远、近两种灯光由驾驶员根据实际行驶情况通过开关进行切换。

2. 其他主要照明装置

（1）前小灯　用于夜间标示停止和行驶中的汽车轮廓，使迎面的车辆在相距 300m 处即可认清，防止会车时发生事故。

（2）尾灯　装在汽车尾部，用于警示后续车辆，以便保持一定的安全距离。

（3）雾灯　每车装一盏或两盏，雾天用来照明道路。位置较低，光色为黄色或橙色（黄色光线波长较长，透雾能力较好）。

（4）仪表灯　装在汽车仪表板上，用来照明仪表。

（5）顶灯　装在车厢或驾驶室内顶部，用于内部照明。

3. 信号装置

汽车的信号装置包括信号声音（主要是电喇叭）和灯光信号，用以在汽车行驶中，向行人或其他车辆显示驾驶员的意图，如警告、转向、制动、倒车等。

（1）汽车电喇叭　现代汽车上广泛使用的电喇叭是利用电磁作用使金属膜片振动产生声响，用来警告行人、车辆或在超车时对前车表示超车意图。

（2）转向信号灯　汽车前、后的左右两侧各安装有一盏转向信号灯，有的汽车在两侧面也装有转向信号灯，其光色为琥珀色。当汽车准备向某一方向转向时，通过闪光器使该侧的转向信号灯闪烁发光，向行人或其他车辆表明转向意图。

（3）制动灯　当汽车实施制动时，制动灯的电路接通而点亮，其光色为红色，发光强度较大，用以引起后续车辆注意，避免追尾撞车。制动灯常和尾灯装在同一个灯罩内。

（4）倒车灯　在汽车后部装有倒车灯，在汽车倒车时点亮，光色为白色，用以警告车后的行人等避让。有的倒车灯还配合有音响信号以加强警告效果。

（5）紧急信号灯 汽车转向信号灯兼有紧急信号灯的功能。当汽车在行驶中或停车中遇有危险情况需要向外界警示时，驾驶员便打开紧急信号开关，这时车上的所有转向信号灯均同时闪烁点亮，以示危险。

六、辅助电气设备

1. 汽车仪表

汽车仪表可以使驾驶员掌握汽车及发动机主要部分的工作情况，及时发现和排除可能出现的故障。现代汽车上安装的仪表主要有燃油表、水温表、转速表、车速里程表等。此外，仪表板上还装有机油压力报警灯、蓄电池报警灯、发动机报警灯等指示报警装置。

燃油表用来指示燃油箱内储存燃油量的多少，提醒驾驶员及时加油。

水温表用来指示发动机水套中冷却水的工作温度是否正常。货车发动机正常工作时，水温应在 75 ～ 85℃之间，轿车发动机正常工作时水温在 90 ～ 105℃之间。

转速表用来指示发动机的转速，现在轿车仪表板上普遍装有转速表。

车速里程表用来指示行车速度和汽车的累计行驶里程。

各种指示报警装置（报警灯）在车辆正常行驶时不亮，当其点亮时，说明汽车出现了故障，提醒驾驶员需要进行检修。

除上述几种主要仪表以外，在具有压缩空气系统的大型车辆上还安装有气压表。随着汽车技术的发展，汽车仪表已电子化，仪表的种类不断增加，其显示功能也越来越强。

2. 雨刷器

雨刷器的功用是清除风窗玻璃上的雨水、雪或尘土，以确保驾驶员能有良好的视线。雨刷器是由电动机和一套传动机构组成的，当接通雨刷器开关后，电动机便通过传动机构带动雨刷器橡皮刷在风窗玻璃上反复摆动刮去雨水等物。雨刷器中设有自动复位装置，不论在任何位置上切断电动机电路，橡皮刷都能自动停止在风窗玻璃的下部。

3. 风窗清洗器

为了清除附着在风窗玻璃上的灰尘、泥土等脏物，现代汽车上装有风窗清洗器。需要清洗风窗时，接通开关，便有清洗液从清洗器的喷嘴射向风窗表面，同时启动雨刷器相配合，就可将风窗清洗干净。

4. 风窗防霜装置

冬季行车时，风窗里面会结上一层霜，严重妨碍驾驶员的视线。为此，汽车上必须有防霜装置。现代汽车上的防霜装置往往和车内暖气设备结合在一起，成为暖气设备的一个组成部分。

📄 **本章小结** ▶▶

本章主要讲述了汽车结构和工作原理的基础知识。通过教学活动，应使学生了解汽车总体构造及基本原理；了解发动机、底盘及电气系统的结构和组成；掌握汽车操纵系统的结构、功能及操作方法；掌握转向系统、变速系统、制动系统、离合器、仪表、照明等的结构、组成及使用方法。

思考题 ▶▶

1. 简述汽车产品的分类及编号规则。
2. 汽车的总体结构是由哪几部分组成的？
3. 汽车的操纵系统都有哪些？其结构和操作方法如何？
4. 汽车仪表能给驾驶员提供哪些信息？这些信息有何作用？

"人、车、路" 系统与交通安全

1. 了解"人、车、路"系统的组成及特性。
2. 掌握驾驶员的特性与交通安全的关系。
3. 了解汽车结构特性与交通安全。
4. 掌握道路交通环境与交通安全。

  道路交通系统是由参与交通的人、车辆和道路环境这三个要素组成的相互关联又相互影响的复杂系统。高效、安全、舒适是系统的整体目标。而每一个参与交通的人、车辆及其相关的道路环境均为一个子系统。汽车驾驶员在行驶过程中必须随时掌握车辆、道路及交通变化特性，不断作出正确的判断与反应，操纵方向，控制行车速度，以适应该系统的动态运行过程。人、车、路的协调配合是实现交通安全的重要保证，因此掌握人、车、路三者之间的关系和各要素的特性是非常必要的。

  图 3-1 是汽车行驶过程中由驾驶员、汽车和道路环境组成的回路系统的示意图。

图3-1　汽车行驶过程示意图

  驾驶员是"人、车、路"系统的主体。驾驶员在系统中始终处于主导的位置。汽车行驶过程（见图3-1）就是驾驶员通过器官（眼、耳、鼻、手、脚五部分）完成视觉、听觉、嗅觉、触觉功能，不断获取来自道路交通环境的信息（信号、标志、道面、气候以及相关车流情况）以及自身车辆的信息（仪表、声音、振动等），完成分析判断，进行决策操纵的过程。一辆技术状况良好的汽车能否发挥其运输功能和作用，关键在于驾驶员能否正确驾驶。

汽车是"人、车、路"系统中的运动实体。它的构造、功能和各项性能对行驶过程的安全与效率具有重要意义。汽车行驶过程最密切的特性主要有：汽车的类型及其设计尺寸；汽车的构造及驾驶操作系统，包括不同汽车的发动机选型、底盘、车身、电气设备以及传动系、行驶系、操纵系、制动系的结构设置，还有驾驶室空间及舒适性、仪表信号装置的视认性和驾驶视野等。汽车行驶的基本性能，包括动力性能、制动性能、操纵稳定性、平顺性、燃油经济性等等。

道路环境是"人、车、路"系统中的载体，是保证汽车正常行驶的基础。其组成包括：道路设施，即道路网络系统、道路路面结构、道路的平/纵/横几何设计特征；交通环境，如自行车交通、行人交通、有轨交通、沿途的交通管理设施（标志、标线、信号等）以及沿线的土地开发程度、建筑、绿化、广告乃至气候变化等。

第一节 驾驶员的特性与交通安全

一、驾驶员的感觉特性与交通安全

1. 视觉特性

眼睛是驾驶员在汽车行驶过程中最重要的功能器官，驾驶员的视觉能获得80%的交通环境信息，因此驾驶员的视觉对交通安全至关重要。驾驶员的视觉机能主要体现在以下几个方面。

（1）视力 视力是指眼睛分辨两物点间最小距离的能力。视力可分为静视力、动视力和夜间视力。

① 静视力。即静止时的视力。我国规定：申请大型客车、大型牵引挂车、城市公交车、中型客车、大型货车、无轨电车或者有轨电车准驾车型的，两眼裸视力或者矫正视力达到对数视力表5.0以上。申请其他准驾车型的，两眼裸视力或者矫正视力达到对数视力表4.9以上。

② 动视力。即驾驶员在汽车行驶中的视力。动视力随着车辆行驶速度的变化而变化，车速越高，视力越下降。例如，汽车以60km/h速度行驶，驾驶者能看清前方240m的标志，而车速提高到80km/h时，同样的标志要接近160m处才能看清。试验表明，车速提高33%，视认距离要减少36%，因此，汽车行驶的最高速度受到人的动视力限制。此外，驾驶员的动视力与年龄有一定的关系，年龄越大，动视力降低的幅度也越大。

③ 夜间视力。视力与环境明暗程度有关，在日常生活中这方面的表现有很多。如黄昏时光线较暗，而汽车开头灯时，其照度与周围照度差不多，驾驶员的视力最不易分清周围的

车辆、行人环境，因为此时的物体对比度小，此时行车最不安全。

夜间视力一般是随着年龄的增大而降低，随着速度增加而大幅度下降。另外，由于夜间照明弱，眼睛分辨颜色的能力也很弱。在无外部照明情况下，驾驶员只用前灯的辨认距离见表3-1。

表3-1 夜间驾驶员的辨认距离

衣物的颜色	白	黑	乳白	红	灰	绿
能发现某种颜色的距离/m	82.5	42.8	76.6	67.8	66.3	67.6
能确认是某种物体的距离/m	42.9	18.8	32.1	47.2	36.4	36.4
能断定其移动方向的距离/m	19.0	9.6	13.2	24.0	17.0	17.8

（2）色彩视觉 对交通安全有重要意义的另一个视觉概念叫色彩。根据色彩的心理和生理效果，红色刺激性最强，易见性高，使人产生兴奋、警觉；黄色反射光强度大，明亮，易唤起人们注意；绿色光柔和，给人以平静安全感。因此，世界各城市交通管理中将红色作为禁令、黄色作为警告、绿色作为放行信号来设置交通标志。

（3）视野 两眼注视某一目标，注视点两侧可以看到的范围叫双眼视野。与汽车行驶过程关系最大的是水平视野。将头部与眼球固定，同时能看到的左右范围称为静视野；若将头部固定，眼球自由移动，同时能看到的左右范围称为动视野。动视野比静视野左右宽大15°，正常人双眼的视野可达160°。驾驶员的视野与行车速度有密切关系，随着车速增大，视野明显变窄，注视点随之远移，两侧的景物则变得模糊，见表3-2。

表3-2 驾驶员视野与行车速度的对应关系

行车速度/（km/h）	注视点在汽车前方/m	视野/（°）
40	183	90～100
72	366	60～80
105	610	40

（4）视觉暗适应和亮适应 由一般经验，从亮处到暗处，由于视觉的惯性，视力恢复需要时间，称眼睛的这种特性为暗适应；同理，由暗处到亮处，视力恢复也需要时间，这种特性叫亮适应。暗适应比亮适应所需要的时间长。入暗室时，暗适应时间要15s以上，而亮适应时间一般只要几秒。尽管眼睛由瞳孔活动和网膜的灵敏度能对亮、暗适应进行调节，但汽车行驶过程若处于明暗急剧变化的道路上，由于视觉不能立即适应，极易造成交通事故。因此，为了减少由亮到暗引起的落差，通常采取渐变减缓照明度措施，例如在城区与郊区的交界处将路灯的距离慢慢拉长，直到郊区人烟稀少处才不设置路灯，又如高（快）速道路进入隧道入口附近由于白天入口处与隧道内明暗差别很大，极易发生10s左右的视觉危害，相当于在200～250m距离内眼睛不能适应，故应在入口处采取相应的过渡段设计和管理措施，如限速、隧道内安装照明设施等，以避免发生交通事故。

2．听觉与其他感觉特性

听觉是驾驶员在行驶过程中获取外界信息的主要通道。驾驶员可以凭借车辆行驶系、传动系、制动系、发动机等不同的声音差异来判别车辆技术状态好坏，从而避免发生安全事故。同时，车辆噪声的大小对驾驶员安全行车的影响也非常大。声音强度的计量单位是分贝（dB），当声强超过80dB时，噪声已相当强烈，当声强超过140dB时，已不再是听觉所能承受的，这已是刺耳的痛觉。因此，现代汽车在控制噪声上都采取了很多措施。

其他感觉主要是指嗅觉和触觉。通过鼻和手脚器官，驾驶员可以随时获得车内和车外环境的某些变化，如操纵系、制动系的可靠性和稳定性，以及某些部件、零件的变化特征等信息。

二、驾驶员的反应操作特性与交通安全

驾驶员通过眼、耳等感觉器官，从交通环境中获得信息。此信息被传递到大脑，经大脑处理产生知觉，然后作出判断，最后由中枢神经向手、脚等运动器官发出操作命令。这样的过程形成了信息刺激—思考判断—决策操作三阶段，构成了驾驶员的反应操作过程，它可用对外界刺激产生反应的速度（时间）来表示。

1．反应时间

反应时间包括感觉、思考、判断、操作四部分时间之和。反应有简单反应和复杂反应之分。简单反应是指某一动作对单一信息的反应，此时驾驶员注意力不为另外的目标所占据。表3-3为简单反应需要的时间。

表3-3　简单反应需要的时间

工　作	平均时间/s	工　作	平均时间/s
按喇叭，手的起始位置在喇叭按盖上	0.38	踩制动，右脚的起始位置在制动踏板上	0.39
按喇叭，手的起始位置在转向盘上	0.56	踩制动，右脚的起始位置在压下的加速器上	0.59

复杂反应是面对几种信息（刺激）的某一种信息（刺激）作出反应。汽车行驶时，驾驶员要同时观察车内外各种信息：车辆、行人、道路状况、交通标志、车内仪表、娱乐设施（CD、DVD）等。面对复杂的刺激信息，驾驶员应作出正确的反应并付诸多方面的动作，其反应时间长短取决于信息的复杂程度和驾驶员的素质。对于制动反应时间，如图3-2所示，一般为0.5～1.55s。包括制动生效的时间在内，则达到2～3s。美国各州公路工作者协会曾建议，在确定安全停车距离时，反应时间建议用2.5s。

2．影响反应时间的因素

（1）反应时间与驾驶员的年龄有关。一般年龄增大，反应时间增加。

（2）反应时间与驾驶员的心理和生理素质有关。特别是长时间开车造成的驾驶疲劳和饮酒导致的中枢神经迟钝和判断力障碍，对反应时间影响极大。交通事故中因疲劳驾驶和酒后驾驶而发生的比例是相当高的。

图3-2 制动反应时间

三、驾驶员的心理特性与交通安全

驾驶员的心理特性即心理素质，是指驾驶员在交通系统中的认知与行为特性，是驾驶员感觉、知觉、思维、判断能力和情感、性格、品德的总表现。

1. 心理特性内涵

（1）驾驶员的认知和意识水平。包括观察力、注意力、记忆力和思维力，表现为交通行为中的分析、综合、判断、推理能力。它与驾驶员的智力水平密切相关。

（2）反应速度、技巧熟练程度。表现为驾驶员的驾驶技术、操作技能和信息处理能力、应变能力。

（3）社会责任感、职业道德修养。这是保障交通运输正常进行、人民生命财产安全的基本素质。

（4）情感和意志、毅力。驾驶员应有良好的心境和稳定情绪，具有自觉确定目的、克服各种困难、吃苦耐劳的精神和品质。

（5）气质和性格特征。即驾驶员的心理活动和操作行为表现出的坚强性、灵活性和敏捷性特征和谦虚、诚实、理智方面的特征。

2. 驾驶员应具备的综合心理素质

驾驶员必须有良好的思想素质，有高度的社会责任感和良好的职业道德，驾驶技术娴熟，交通意识完善，文明礼貌，冷静敏捷。具有迅速果断的反应能力和准确判断速度、距离的能力，性格开朗、态度和蔼，是注意不断学习进取、严格遵守交通规则的人。

四、驾驶员的生理特性与交通安全

1. 驾驶员的身体条件（健康状况和体力体质）、年龄、性别和血型等均是生理特性的表现

生理特性是一项基础性特性，与先天性遗传密切相关，生理特性直接影响驾驶员的感觉功能（视觉和听觉）和反应能力。另外，日本对2000名交通肇事者的调查发现，血型与行车倾向也有关系：A型血者喜欢开快车，驾车不满一年就出事故者比例较高；而O型和B型血型的驾驶员在十字路口发生碰撞事故占比极高。

2．人体具有生物节律特性

人体生物节律理论认为：

（1）人的生理状况自出生之日起就像时钟一样有自己连续不断的循环规律，直至生命结束。

（2）人的体力循环期为23天，情绪循环期为28天，智力循环期为33天。

（3）当这些循环处于高潮时，人的行为也处于最佳状态，可能体力旺盛，情绪激昂，反应敏捷；反之，可能体力衰弱，情绪低落，反应迟钝；当这三者处于临界时，人可能处于不稳定状态。这种节律特性对汽车行驶安全具有某些影响。

3．驾驶疲劳

长时间处于车速较高或复杂道路环境中的紧张驾驶状态易导致驾驶员生理机能（包括心理机能）的失调与衰弱，这就是驾驶疲劳。

（1）驾驶疲劳分类

① 肌肉疲劳。开车过程中人的心跳加快，这时心脏功能加强。另外，肌肉的活动增加了氧气的消耗。操纵力越大，氧气消耗越多，则人体的疲劳越严重。还有姿势不正确或一定姿势保持时间过久，使部分血管处于收缩或迟缓状态，血液流动不畅，废物滞留于肌肉中，使人感到酸痛与疲劳。

② 精神疲劳。因为驾驶过程中精力高度集中，经过一段时间后人会出现头胀、眼花、精神意志力下降（对刺激反应迟缓）、感官（视力、听力）功能降低、血压和心律变化。这些反应越强烈，频率越高，人则越疲劳。

③ 脊椎疲劳。驾驶过程中长时间弯腰适应驾驶操作导致腰部酸痛，即是脊椎疲劳。

（2）驾驶疲劳成因

① 连续驾驶时间过长。一名健康的驾驶员，一天连续8小时驾驶（即使途中饮食正常并有短暂休息），也会产生暂时性疲劳，需要10多个小时的休息以恢复。如果连续数天行车，势必形成积累性疲劳。

② 复杂的道路交通环境。道路狭窄，地形起伏，人群熙攘的市区道路，弯曲的盘山公路，道路颠簸，都会使驾驶员处于精神高度紧张的状态，容易产生疲劳。

③ 气候的骤然变化。如季节交替，气温差异，阴雨绵绵，狂风暴雨，严寒酷暑。

④ 驾驶员本身睡眠不足等生活原因。

（3）疲劳驾驶危害

① 感官功能下降。有资料研究测定，工作一天后的疲劳会导致对信号灯反应时间的增加，如表3-4所示。

② 疲劳而导致发生事故，过程如图3-3所示。

疲劳使感觉器官对刺激反应变迟缓，到判断、操作失误，从注意力不集中到行车瞌睡，最终使"人、车、路"系统处于主体（驾驶员）失控状态。许多血的教训证实了这一点。

表3-4 疲劳前、后对红色信号灯的反应时间

年龄/岁	疲劳前反应时间/s	疲劳后反应时间/s
16～22	0.48～0.56	0.6～0.63
22～45	0.58～0.75	0.53～0.82
45～60	0.78～0.80	0.64～0.89

图3-3 疲劳导致交通事故的过程示意图

五、驾驶适应性与交通安全

驾驶适应性也叫驾驶适性，是指一个人安全行车的可能性与可靠性问题，即适不适合做驾驶员。在"人、车、路"系统中，驾驶员处于主体地位，因此其作用非同一般。国外"事故倾向理论"认为，驾驶员中确实存在"事故倾向性"者。近年来国内已开始重视驾驶适性研究与检测。有些人适宜驾驶作业，有些人则不适宜驾驶作业。实际上，驾驶适性是驾驶员生理、心理素质和智力的综合特性。1991年首届"中日驾驶适性理论与事故对策研讨会"在上海召开，推动了我国关于安全行车必备的生理和心理特性的研究。据调查，我国驾驶员队伍中大约有6%～8%的人缺少最低限度的驾驶适性。关于驾驶适性的缘由与测定方法简介如下。

1. 驾驶员在生理、心理素质上的差异

统计数据表明：交通事故存在一定的倾向性。在同样的行车环境中，驾驶员发生交通事故的概率相差很大，其差异主要表现在以下几个方面。

（1）驾驶员采集道路交通信息的能力不同 在汽车行驶中，驾驶员收集的各类信息都是在一定相对速度下采集的，而驾驶员的动视力不仅与速度、年龄有关，而且受个人视觉能力影响很大。关于动视力的事故倾向性人群试验结果见表3-5。

表3-5 驾驶员动视力综合判断结果

动视力		A	B	C	D	E	F	均值
事故群	人数	17	23	14	24	17	8	5.52427
（103人）	%	16.5	22.3	13.6	23.3	16.5	7.8	
无事故群	人数	31	29	7	24	10	2	6.73786
（103人）	%	30.1	28.1	6.8	23.3	9.7	1.9	

注：A最优；B优%；C良；D中；E劣；F最劣。

统计结果说明事故群和无事故群的动视力差异有高度显著性。事故群的动视力综合判断

较差。

（2）驾驶员思维判断和处理信息的能力不同　驾驶过程中的行为方式（感官信息—大脑中枢—判断决策—操作行为）可分为四种组合：

$$判断快 \times 动作快 \Rightarrow 行动敏捷$$
$$判断快 \times 动作慢 \Rightarrow 行动谨慎$$
$$判断慢 \times 动作快 \Rightarrow 行动轻率$$
$$判断慢 \times 动作慢 \Rightarrow 行动迟钝$$

（3）驾驶员的操作技能差异　操作技能是感知、判断和动作的综合反应，与驾驶员的能力和经验有密切关系。生理、心理素质和学习、训练以及疲劳、药物等外因都会对驾驶员的操作技能产生影响。

（4）驾驶员的智力差异　表3-6是日本对智力与事故关系的统计结果。智力低下（劣等）在事故群中占19.1%，而在无事故群中只占1.1%，可见智力过低者不适于驾驶汽车。

表3-6　智力与事故的关系（日本）

智力	无事故群	事故群	智力	无事故群	事故群
优	6.5%	4.8%	稍劣	21.4%	24.7%
稍优	30.6%	17.4%	劣	1.1%	19.1%
一般	40.5%	23.9%			

2. 驾驶适应性的测定

我国高校和科研机构在20世纪80年代后期已对驾驶适性的检测作过专题研究。主要检测仪器的功能原理如下。

（1）信息反应综合测试仪　将三种颜色灯（红、绿、黄）随机点亮，以按键的平均时间来评价驾驶员的信息处理能力。

（2）动视力综合测试仪　检测驾驶员双眼与被观测物（视标）有一定相对速度下的视力。视标速度分别为15、30、60（km/h），记录看清视标时的视力作为动视力的测定值，再分级评判。

（3）暗适应测试仪　测试驾驶员夜间行车时对明暗变化的适应能力。先用强光对眼睛刺激30s，然后关掉强光，用暗适应灯显示视标，记录看清视标的时间作为暗适应时间。

驾驶适性测定还有操作技能测试仪、行为特征综合测试仪等。

第二节　汽车结构特性与交通安全

汽车作为"人、车、路"系统的实体，其结构特点和各种安全技术的采用，对于行驶安全是非常重要的。

一、汽车的总体结构与交通安全

汽车问世 100 多年来，在道路交通中的地位和作用日益重要。从发动机的选型到传动系、行驶系、操纵系、制动系，按不同车辆的功能要求与适应性，进行过许多重大改革与更新。围绕着提高汽车的安全性、机动性、轻便性、舒适性以及经济性，各个汽车制造商都采用了许多新技术、新工艺，特别是在改善汽车安全性方面投入了很大的精力。

在汽车的总体结构设计方面，对于乘用车，特别是轿车，普遍采用承载式车身。一些老司机感觉到，20 多年以前的汽车往往比较沉重，同时也比较结实经得起碰撞，这从某种角度上来说是有一定道理的。由于当时的汽车还没有广泛采用承载式车身设计，汽车的底盘往往采用 H 形钢梁以及沉重的厚钢板，所以车身沉重、车速相对也比较慢，油耗很高。这样的汽车对于安全的保证是所谓的"硬碰硬"，一旦发生撞击便是看谁的重量大、动力强，经常出现"两败俱伤"的事故，破坏力比今天所见到的往往要大得多。如今的汽车无论大小，大多采用了承载式车身设计，没有了沉重的钢梁与车壳，车身轻巧省油，而且车速也不断提高。同时，通过巧妙的设计，一旦发生事故车身会采取溃缩等方式来消解外力，因此所造成的破坏力反而大大下降，安全性也有大幅度提高。

在汽车的整体布局方面，尽量多采用吸能空间、高强度车身、局部加强等方式来提高汽车的碰撞安全性能，如发动机横置、加强型 3H 车身（见图 3-4）等。在改善驾驶员视野方面，现在都采用整体式、大面积前挡风玻璃、无盲区后视镜等。

图3-4 3H车身（承载式车身）

二、汽车的主被动安全性能与交通安全

汽车的安全性能分为主动安全性能和被动安全性能。主动安全性能是指车辆防止事故发生的能力，主要依靠车辆底盘性能和相应避免事故发生的装置，例如制动、防滑、防燃、防撞、限速、报警、照明等。被动安全性能是指车辆在事故发生时大幅减低碰撞强度的功能，以最大限度保护乘客，尽可能避免重大伤亡事故。其主要依靠车身的抗变形能力和相应的安全措施，如车身强度、吸能结构、座椅强度、内部设施强度、安全带、逃逸出口、阻燃防毒内饰、消防设施等。对于交通安全来讲，防范发生交通事故非常重要，同时如果发生了交通事故，尽可能地减少交通事故造成的人员伤亡和财产损失也非常重要。因此，既要重视汽车的主动安全性能，也要重视汽车的被动安全性能。

为了提高汽车的安全性能，新技术、新结构、新材料层出不穷。在提高主动安全性能上，汽车制造商纷纷采用防抱死制动系统（ABS）、电子制动力分配系统（EBD）、电子制动

辅助系统（EBA）、牵引力控制系统（ASR）、主动式安全座椅等装置。被动安全性能方面重在提高车身强度，采用全承载车身结构的设计并选用锰合金钢材料，并且客车座椅、吸能型转向柱、预张紧安全带、安全气囊、车窗、安全出口、阻燃材料、自动灭火装置等已列入强制性被动安全实施标准中。

一些高档汽车还安装了在发生事故后能够简化和促进救援服务工作的系统和措施，如奔驰轿车采用了以下措施：

（1）救援队使用切割工具和设备切割的标志。

（2）救援队使用的联机指导。

（3）车门自动解锁。

（4）发动机自动关闭。

（5）燃油供给自动切断装置。

（6）自动部分开启车窗，使车内通风。

三、汽车行驶特性与交通安全

汽车行驶特性是"人、车、路"系统中最重要的交通功能特性。

1. 汽车动力性能

汽车动力性能主要是指汽车的加速和爬坡能力。汽车的动力来源于发动机，因此其动力性能的好坏主要受发动机的性能影响。

汽车的动力性能是汽车各种性能的核心，通俗地讲就是汽车的"驾驶性能"。一辆动力良好的汽车，驾驶的感觉应该是得心应手，能够把驾驶员的意图表达得非常充分：想加速，脚踩油门踏板马上就能达到所需的车速。这对驾驶安全是非常重要的，特别是在超车时，能够大大减少车辆并行时间，保证行车安全。

2. 汽车制动性能

汽车制动性能是交通安全非常重要的性能，一般用制动力、制动距离、制动减速度和制动时间来表示。改善和提高汽车制动性能和制动时汽车的稳定性尤为重要，为此现代汽车制动系统采用了很多新技术。

（1）防抱死制动系统（ABS） ABS是汽车制动系统中应用比较早也比较普遍的制动辅助控制系统。它是在驾驶员施加踏板力过大、致使车轮抱死时起作用，防止车轮抱死。因为车轮抱死将使车辆失去控制：后轮抱死将使车辆丧失方向稳定性（甩尾侧滑），前轮抱死则使车辆失去转向能力（转向盘失控）。ABS的主要作用就是根据汽车的行驶状态和车轮的转动情况，在制动过程中自动调节各车轮的制动力，使车轮滑移率被控制在一个狭小的理想范围内，车轮不会抱死，使其纵向制动力和侧向附着能力保持较大值，充分利用轮胎与路面之间的纵向和侧向附着力，提高汽车抗侧滑的能力，改善汽车的操纵性和方向稳定性，缩短制动距离，有效提高行车的安全性。随着人们对汽车安全性能要求的不断提高，ABS已成为乘用车的标准配置。

（2）电子制动力分配系统（EBD） 通常情况下，各个车轮与地面的附着条件不同。EBD的功能就是在汽车制动的瞬间，由传感器检测前后轮的转动状态，并由车载微处理器高速计算出各轮胎与路面间的附着力大小，然后分别调节各个车轮制动器的制动力矩，使之达到与路面附着力的理想匹配，以进一步缩短制动距离，同时保证车辆制动的平稳和安全。EBD与ABS结合，可大大提高ABS的功效。重踩制动踏板时，EBD会在ABS作用之前，依据车辆的质量分布和路面条件，有效分配制动力，使各个车轮得到理想的制动力。因此，EBD的作用就是在ABS的基础上，平衡每一个车轮的有效地面附着力，改善制动力的平衡，防止出现甩尾和侧滑，并缩短汽车制动距离，使汽车的行驶安全性能更高。

（3）电子制动辅助系统（EBA） 紧急情况发生时，驾驶员从发现情况到作出反应并踩下制动踏板总要有一个过程，这段时间内有可能导致交通事故的发生。电子制动辅助系统利用传感器感应驾驶员对制动踏板施加的力的大小与速度的快慢，通过处理器判断驾驶员的意图。如果属于非常紧急的制动，EBA就会指示制动系统产生更高的油压使ABS发挥作用，从而使制动力快速产生，缩短制动距离。

（4）牵引力控制系统（ASR） ASR能时刻根据车辆行驶状况，运用数学算法和控制逻辑使车辆驱动轮在恶劣路面或复杂条件下产生最佳纵向驱动力。由于ASR能够提高车辆的牵引性、操纵性、稳定性，减少轮胎磨损和事故风险（尤其在坏路面上），增加行驶安全性和驾驶轻便性，使得汽车在附着状况不好的路面上能顺利起步和行驶，所以该技术自1985年瑞典沃尔沃汽车公司诞生以来，得以迅速发展。目前，国外高档轿车大多应用了ASR。

此外，现代汽车上还配备有电控行驶稳定系统（ESP）。该系统将汽车的制动、驱动、悬架、转向、发动机等主要总成的控制系统在功能、结构上有机地结合起来，使汽车在各种恶劣工况下都有最佳的行驶性能。ESP通过对每个车轮滑动率的精确控制，使各个车轮的纵向分力和侧向分力迅速改变，从而在所有工况下均能获得所期望的操纵稳定性。ESP被认为是继ABS和ASR之后，汽车主动安全性能的又一重大飞跃。目前它已不再是豪华轿车的专有标准装备，像奇瑞A3等紧凑型轿车也开始应用这种安全系统，将来它也会像ABS一样，逐渐在乘用车上得到普及。

3. 汽车操纵稳定性

汽车操纵稳定性指汽车在受到环境强烈干扰（如侧向风、雪、雨条件）和道路崎岖不平、路上有障碍时，汽车驾驶员控制汽车稳定行驶的能力。其中包括转向稳定性、高速稳定性、操纵轻便性等。操纵稳定性主要涉及汽车底盘的结构和性能，为了提高汽车的操纵稳定性，现代汽车在底盘结构上采用了很多新技术和新工艺，如电控助力转向、各种新型独立悬架系统等。

4. 汽车行驶平顺性

汽车行驶平顺性指乘坐人员对汽车振动的适应程度，包括振动与路面、轮胎、发动机、传动轴、车身等的关系。为了提高汽车行驶的平顺性，现代汽车底盘上采用了诸如空气弹簧、油气弹簧等可变刚度悬架结构，配合减振器工作，提高了汽车行驶平顺性。同时在发动机减振方面采取了更优化的措施，轮胎的质地也更为柔韧，并普遍使用低压轮胎，减轻了汽车行驶中的振动，提高了行驶平顺性。

第三节　道路环境与交通安全

道路环境是"人、车、路"系统的载体，是保证交通系统正常运行的基础，是实现交通安全的基本保障。道路环境主要包括道路条件、交通环境、交通管理措施和气候条件等几个方面。

一、道路条件与交通安全

我国幅员辽阔，地理条件和经济发展差异很大，因此道路条件复杂。高速公路、一级公路、二级公路、乡村公路以及城市道路等组成了整个道路网。不同等级、不同地域（高原、平原、山区）、不同路面结构的道路对交通安全的影响方式和程度都不一样。

1. 道路线形与交通安全

道路线形分为平面、纵断面和横断面三类。

过长的直线段，易使驾驶员因景观单调而产生疲劳、注意力不集中、反应迟缓，一旦有突发情况出现，就会因措手不及而出现事故。另外，驾驶员在长直路段爱开快车，致使车辆在接近弯道时速度仍较高，若驾驶员处理不当，往往导致倾覆或其他类型的交通事故。路面线形弯道过多且转弯半径过小也容易发生交通事故。

纵断面影响交通安全的因素有坡度、坡长和竖曲线半径（车辆从上坡到下坡所经过的曲线的半径），采用较小的纵坡和大半径的竖曲线，能为驾驶员提供良好的视距及超车机会，有利于行车安全。而在坡道太陡、太长或连续坡道太多的路段，都容易发生交通事故。

横断面是指沿道路宽度方向，垂直于道路中心线的断面。公路与城市道路横断面的组成有所不同。公路横断面的主要组成有：车行道（路面）、路肩、边沟、边坡、绿化带、分隔带、挡土墙等；城市道路横断面的组成有：车行道（路面）、人行道、路缘石、绿化带、分隔带等；在高路堤和深路堑的路段，还包括挡墙或护栏。道路横断面把不同性质的交通工具和行人分隔开来，有利于交通安全。

2. 路面质量与交通安全

路面质量主要是指路面的平整度、粗糙度、路面强度等。

路面平整度对交通安全和车辆的故障率影响很大，因此，它是评价路面质量的重要指标。凹凸不平的路面使车辆颠簸振动，行车阻力加大，汽车的行驶系、传动系的部件容易损坏，乘坐舒适性降低，对于运输的货物而言则容易使其损坏。最主要的是增加了驾驶员操控车辆的难度，容易发生交通事故。

路面的粗糙度主要影响车辆在路面上的附着力，一般用车轮与路面之间的附着系数来表示。水泥和沙石路面上的附着系数比沥青路面的附着系数小，在相同的载重量下，轮胎在水泥和沙石路面上发生侧滑的可能性就大，在相同的制动力下制动距离也长，不利于行车安全。另外，在路面潮湿或覆盖冰雪的条件下，附着系数将大大减小，对行车安全影响更大。

路面强度是指路面抵抗变形、磨损的能力。路面强度越高，其承载力越大，并且不容易变形，寿命周期就长，行车安全性好。路面强度受路基质量和路面材料影响很大，我国沈大高速公路在2004年扩建时采用了改性沥青，其路面强度比原来的普通沥青路面大幅提高。

二、交通环境与交通安全

我国道路交通环境复杂，许多城市和城镇道路都处于混合交通状态，机动车（货车、轿车、拖拉机、三轮农用车、摩托车等）、自行车、行人混行，对交通安全极为不利，交通事故频发。对于机动车驾驶员而言，只有掌握交通环境的特点，才能保证在复杂的交通环境中安全行车。

1. 自行车交通

我国的交通结构中，自行车占有较高的比例。自行车出行方便，节约能源，又可锻炼身体，占地面积小，价格便宜，没有污染和噪声，最易实现"门到门"。这是自行车在许多国家成为短途交通工具的重要原因。因此，自行车交通在整个交通系统中不容忽视，它对汽车交通的影响主要有以下几个方面：

（1）自行车行进时的蛇形路线。一般自行车把宽在0.45～0.55m，但是其运动路线实际宽度超过1m，并且其蛇形运动路线具有不确定性。因此在机动车、非机动车混行于同一平面的场合，自行车对交通安全的影响很大。

（2）自行车在交叉口存在与汽车争道、抢行、闯红灯等现象。因此，在交叉路口或转弯处应特别注意左右的自行车。

（3）自行车在风、雨、雪天气时对交通安全影响更大。另外，其不适合道路坡度起伏大的地区，事故率高，而且难以控制。

2. 行人交通

（1）一般情况下，行人的运动空间，距离行人重心1m，行人每步距离0.6～0.75m，行人速度0.8～1.2m/s。但是行人的变化没有规律，很难判断行人什么时候分离、掉头、超越、停止和变化速度。因此在混合交通中，行人经常发生安全事故，尤其是老人和儿童。

（2）交叉路口的行人管理困难。在没有分隔护栏的情况下，行人对汽车交通影响更大。据统计，在离路口中心80m的路段上，行人穿越车行道的概率最高，随之带来的交通安全隐患很大。

三、交通管理设施与交通安全

道路交通管理设施包括交通信号、交通标志、交通标线、交通分隔栏（墩、带）、交通岗亭等，还有高速公路、收费道路（桥梁、隧道、高架等）的监控系统、防冲护栏。这些交通管理设施都通过文字或符号对汽车进行导向、管制、警告、指示、禁止，给汽车交通系统提供交通信息情报。这些道路管理设施的通用性、色彩、符号、形状、设置方法、使用材料等对汽车交通安全都有影响。因交通管理设施不全、设置不当发生的安全事故很多，因各种交通标志不全、设置不当给驾驶员造成行车不便更是经常发生。因此，要不断完善交通管理设施，以提高交通安全性。

四、天气条件与交通安全

雨、雾、严寒、大风等不良天气条件都会对汽车的安全运行带来巨大影响，国内外许多事故统计证明了这一点。

雨对驾驶员行车安全的影响主要有三个方面：一是制动距离及制动特性；二是驾驶员的视线；三是道路上其他交通参与者的行为。雨天路面附着系数小，汽车制动距离长，而且容易侧滑，且驾驶员的视线不好，加上行人及非机动车在雨天急于行进，很容易发生车辆与行人及非机动车之间的交通事故。雾天由于能见度很低，最容易发生追尾事故。寒冷的天气车辆容易因路面结冰而使制动距离加长、失控从而发生交通事故。大风天气车辆高速稳定性降低，容易跑偏或侧翻。总之，针对不同的天气，驾驶员要做好不同的准备，以降低事故发生率，提高行车安全。

改革开放以来，我国的道路环境及设施发展迅速，但是还不能满足社会经济高速发展的需要。随着我国机动车保有量的逐年上升，与之相对应的是交通事故也逐年上升。其原因来自"人、车、路"系统的各个方面，既包括人的原因，如车辆驾驶者的驾驶行为、交通参与者自身的安全意识和交通管理者的管理方式，也有车辆安全保护措施、道路交通管理设施、路表状况及其他交通环境状况和道路规划等原因。人、车、路三者在道路交通系统中只有和谐地发展，才能创造一个安全、高效的交通环境。

本章小结 ▶▶

本章主要介绍了"人、车、路"系统的组成及特性，重点讲述了驾驶员特性与交通安全的内在关系、汽车结构与交通安全的关系、道路环境与交通安全的关系。通过本章的学习，学生应了解"人、车、路"系统的组成及特性，以及三者之间的内在联系，掌握驾驶员、道路环境与交通安全的关系。

思考题 ▶▶

1. 简述"人、车、路"系统的组成及其特性。
2. 简述驾驶员的视觉特性与交通安全的关系。
3. 驾驶员的心理特性对交通安全有什么影响？驾驶员应具备怎样的心理素质？
4. 举例说明汽车的结构特性与交通安全的关系。
5. 简述道路交通环境特性对交通安全的影响。

第四章

交通安全常识

学习目标

1. 掌握车辆与驾驶人的管理规定。
2. 掌握各种道路交通信号的含义及规定。
3. 掌握道路通行的有关规定。
4. 掌握伤员急救知识。
5. 了解车辆装载与牵引的有关规定。
6. 了解道路交通事故的处理程序和办法。
7. 了解道路交通事故的法律责任划分。

汽车驾驶人必须了解交通安全常识，这既是安全行车的需要，也是国家法律法规的强制规定。交通安全常识主要包括：各种交通法律、法规和规章；道路交通信号；交通事故处理程序；伤员急救知识等。

现行的《中华人民共和国道路交通安全法》（以下简称《道路交通安全法》）和《中华人民共和国道路交通安全法实施条例》（以下简称《实施条例》）是从 2004 年 5 月 1 日开始施行的。2007 年 12 月 29 日，全国人大常委会通过了对《道路交通安全法》第七十六条的修订，并于 2008 年 5 月 1 日开始实施。2011 年 4 月 22 日，全国人大常委会通过了对《道路交通安全法》第九十一条和第九十六条的修订，自 2011 年 5 月 1 日起施行。2021 年 4 月 29 日，全国人大常委会通过了对《道路交通安全法》第二十条第一款的修订，自 2021 年 4 月 29 日起施行。中华人民共和国境内道路上通行的车辆、驾驶人、行人、乘车人以及与道路交通有关的单位和个人，都必须遵守《道路交通安全法》。新的法律与法规对于维护道路交通秩序，预防和减少交通事故，保护人身安全，提高通行效率，都有着非常重要的意义，是人们在道路交通活动中应遵循的行为准则和规范，是进行道路交通安全管理的法律依据。

第一节 车辆与驾驶人的管理规定

一、车辆管理规定

车辆是指机动车和非机动车。

1．机动车登记规定

机动车是指以动力装置驱动或者牵引，上道路行驶的供人员乘用或者用于运送物品以及进行工程专项作业的轮式车辆。包括各种轿车、货车、客车、摩托车、农用运输车、轮式专用机械车、各种工程车及特种车辆等。机动车登记，是为了加强机动车管理，保护公民、法人和其他组织的合法权益，促进经济、社会发展，保障道路交通安全的行政管理行为。

《道路交通安全法》规定："国家对机动车实行登记制度。机动车经公安机关交通管理部门登记后，方可上道路行驶。尚未登记的机动车，需要临时上道路行驶的，应当取得临时通行牌证。"新车购置后，应尽快办理注册登记和上牌手续，不能超过临时牌证的有效时限。

机动车登记种类

《实施条例》第二章第四条规定：机动车的登记，分为注册登记、变更登记、转移登记、抵押登记和注销登记。

（1）注册登记

《实施条例》第二章第五条规定：初次申领机动车号牌、行驶证的，应当向机动车所有人住所地的公安机关交通管理部门申请注册登记。

申请机动车注册登记，应当交验机动车，并提交以下证明、凭证：

① 机动车所有人的身份证明；

② 购车发票等机动车来历证明；

③ 机动车整车出厂合格证明或者进口机动车进口凭证；

④ 车辆购置税完税证明或者免税凭证；

⑤ 机动车交通事故责任强制保险凭证（原机动车第三者责任强制保险凭证）；

⑥ 法律、行政法规规定应当在机动车注册登记时提交的其他证明、凭证。

不属于国务院机动车产品主管部门规定免予安全技术检验的车型的，还应当提供机动车安全技术检验合格证明。

（2）变更登记

《实施条例》第二章第六条规定：已注册登记的机动车有下列情形之一的，机动车所有人应当向登记该机动车的公安机关交通管理部门申请变更登记：

① 改变机动车车身颜色的；

② 更换发动机的；

③ 更换车身或者车架的；

④ 因质量有问题，制造厂更换整车的；

⑤ 营运机动车改为非营运机动车或者非营运机动车改为营运机动车的；

⑥ 机动车所有人的住所迁出或者迁入公安机关交通管理部门管辖区域的。

申请机动车变更登记，应当提交下列证明、凭证，属于前款第①项、第②项、第③项、第④项、第⑤项情形之一的，还应当交验机动车；属于前款第②项、第③项情形之一的，还应当同时提交机动车安全技术检验合格证明：

① 机动车所有人的身份证明；

② 机动车登记证书；

③ 机动车行驶证。

机动车所有人的住所在公安机关交通管理部门管辖区域内迁移、机动车所有人的姓名（单位名称）或者联系方式变更的，应当向登记该机动车的公安机关交通管理部门备案。

（3）转移登记

《实施条例》第二章第七条规定：已注册登记的机动车所有权发生转移的，应当及时办理转移登记。

申请机动车转移登记，当事人应当向登记该机动车的公安机关交通管理部门交验机动车，并提交以下证明、凭证：

① 当事人的身份证明；

② 机动车所有权转移的证明、凭证；

③ 机动车登记证书；

④ 机动车行驶证。

（4）抵押登记

《实施条例》第二章第八条规定：机动车所有人将机动车作为抵押物抵押的，机动车所有人应当向登记该机动车的公安机关交通管理部门申请抵押登记。

（5）注销登记

《实施条例》第二章第九条规定：已注册登记的机动车达到国家规定的强制报废标准的，公安机关交通管理部门应当在报废期满的 2 个月前通知机动车所有人办理注销登记。机动车所有人应当在报废期满前将机动车交售给机动车回收企业，由机动车回收企业将报废的机动车登记证书、号牌、行驶证交公安机关交通管理部门注销。机动车所有人逾期不办理注销登记的，公安机关交通管理部门应当公告该机动车登记证书、号牌、行驶证作废。

因机动车灭失申请注销登记的，机动车所有人应当向公安机关交通管理部门提交本人身份证明，交回机动车登记证书。

机动车登记办理

（1）办理机关

机动车的登记办理机关是机动车所有人住所所在地公安机关交通管理部门的车辆管理所。

（2）登记手续

办理机动车登记的申请人提交的证明、凭证齐全、有效的，公安机关交通管理部门应当当场办理登记手续。登记时，机动车所有人应当填写《机动车登记申请表》，并接受对申请登记的机动车的安全技术检验。

（3）登记补发

《实施条例》第二章第十一条规定：机动车登记证书、号牌、行驶证丢失或者损毁，机动车所有人申请补发的，应当向公安机关交通管理部门提交本人身份证明和申请材料。公安机关交通管理部门经与机动车登记档案核实后，在收到申请之日起15日内补发。

（4）其他办理

税务部门、保险机构可以在公安机关交通管理部门的办公场所集中办理与机动车有关的税费缴纳、保险合同订立等事项。

（5）查封、扣押的机动车不予办理登记

人民法院、人民检察院以及行政执法部门依法查封、扣押的机动车，公安机关交通管理部门不予办理机动车登记。

2. 车辆行驶凭证规定

车辆行驶凭证包括机动车号牌、检验合格标志、保险标志和机动车行驶证。《道路交通安全法》规定：驾驶机动车上道路行驶，应当悬挂机动车号牌，放置检验合格标志、保险标志，并随车携带机动车行驶证。机动车号牌应当按照规定悬挂并保持清晰、完整，不得故意遮挡、污损。任何单位和个人不得收缴、扣留机动车号牌。

《实施条例》第二章第十三条规定：机动车号牌应当悬挂在车前、车后指定位置，保持清晰、完整。重型、中型载货汽车及其挂车、拖拉机及其挂车的车身或者车厢后部应当喷涂放大的牌号，字样应当端正并保持清晰。机动车检验合格标志、保险标志应当粘贴在机动车前窗右上角。机动车喷涂、粘贴标识或者车身广告的，不得影响安全驾驶。

3. 机动车安全技术检验规定

机动车的安全技术检验是根据道路交通对机动车的要求和国家有关安全的强制性标准，对车辆与行驶有关的全部或者部分性能进行检验。它对提高车辆技术状况、充分发挥车辆效能、延长车辆使用寿命、避免发生安全事故、确保行车安全起着重要的作用。

《道路交通安全法》规定：对登记后上道路行驶的机动车，应当依照法律、行政法规的规定，根据车辆用途、载客载货数量、使用年限等不同情况，定期进行安全技术检验。对提供机动车行驶证和机动车第三者责任强制保险单的，机动车安全技术检验机构应当予以检验，任何单位不得附加其他条件。对符合机动车国家安全技术标准的，公安机关交通管理部门应当发给检验合格标志。

《实施条例》第二章第十五条规定：机动车安全技术检验由机动车安全技术检验机构实施。机动车安全技术检验机构应当按照国家机动车安全技术检验标准对机动车进行检验，对检验结果承担法律责任。

质量技术监督部门负责对机动车安全技术检验机构实行计量认证管理，对机动车安全技术检验设备进行检定，对执行国家机动车安全技术检验标准的情况进行监督。

机动车安全技术检验项目由国务院公安部门会同国务院质量技术监督部门规定。

《实施条例》第二章第十六条规定：机动车应当从注册登记之日起，按照下列期限进行安全技术检验：

（1）营运载客汽车5年以内每年检验1次；超过5年的，每6个月检验1次；

（2）载货汽车和大型、中型非营运载客汽车10年以内每年检验1次；超过10年的，每6个月检验1次；

（3）小型、微型非营运载客汽车6年以内每2年检验1次；超过6年的，每年检验1次；超过15年的，每6个月检验1次；

（4）摩托车4年以内每2年检验1次；超过4年的，每年检验1次；

（5）拖拉机和其他机动车每年检验1次。

营运机动车在规定检验期限内经安全技术检验合格的，不再重复进行安全技术检验。

《实施条例》第二章第十七条规定：已注册登记的机动车进行安全技术检验时，机动车行驶证记载的登记内容与该机动车的有关情况不符，或者未按照规定提供机动车第三者责任强制保险凭证的，不予通过检验。

2014年5月16日，公安部、国家质量监督检验检疫总局联合公布了《关于加强和改进机动车检验工作的意见》（以下简称《意见》）。《意见》共包含18条改革措施，第11条规定：自2014年9月1日起，试行6年以内的非营运轿车和其他小型、微型载客汽车（面包车、7座及7座以上车辆除外）免检制度。在此期间，每2年提供第三者责任强制保险凭证、车船税纳税或免征证明后，直接向公安交管部门申领检验标志。

4.机动车强制报废规定

为了保障道路交通和人民群众生命财产安全，鼓励技术进步，节约能源，保护环境，《道路交通安全法》规定：国家实行机动车强制报废制度，根据机动车的安全技术状况和不同用途，规定不同的报废标准。应当报废的机动车必须及时办理注销登记。

机动车辆办理报废注销登记手续，应持单位介绍信或本人有效证件，说明机动车报废的原因，由公安机关交通管理部门同意，填写《机动车变更、改装、停驶、复驶、报废审批表》，收缴机动车辆号牌和行驶证。机动车辆办完报废手续后，在注册及计算机中即予注销。报废机动车辆不准变卖、转籍或重新办理机动车辆号牌和行驶证。

同时，为了解决车检存在效率低、不便利等问题，公安部、国家市场监督管理总局、生态环境部、交通运输部于2022年9月9日，联合印发《关于深化机动车检验制度改革优化车检服务工作的意见》，进一步加强和改进了机动车检验工作，规范检验行为，优化车检服务，更好服务经济社会发展。

5.特种机动车使用规定

特种机动车包括警车、消防车、救护车、工程救险车等。这些机动车辆在工作时，时间紧、任务急、不受速度或停放地点的限制，因此，这些车辆应该有特殊的颜色、标志图案、警灯及警报装置，以示区别其他车辆，并引起人们的注意，保障车辆行驶安全。

《道路交通安全法》规定：警车、消防车、救护车、工程救险车应当按照规定喷涂标志图案，安装警报器、标志灯具。其他机动车不得喷涂、安装、使用上述车辆专用的或者与其相类似的标志图案、警报器或者标志灯具。警车、消防车、救护车、工程救险车应当严格按照规定的用途和条件使用。公路监督检查的专用车辆，应当依照公路法的规定，设置统一的标志和示警灯。

6．机动车交通事故强制保险规定

为了保障机动车道路交通事故受害人依法得到赔偿，促进道路交通安全，根据《道路交通安全法》、《保险法》制定的《机动车交通事故责任强制保险条例》于 2006 年 7 月 1 日正式实施。该条例所称的机动车交通事故责任强制保险，是指由保险公司对被保险机动车发生道路交通事故造成本车人员、被保险人以外的受害人的人身伤亡、财产损失，在责任限额内予以赔偿的强制性责任保险。交通事故强制保险实施后，原来的第三者责任险变为非强制险种。

二、驾驶人管理规定

机动车驾驶人管理是道路交通安全管理的基础性工作。据统计，在道路上发生的机动车交通事故中，驾驶人的责任约占 70%。这说明，在影响交通安全的诸多因素中，驾驶人是主要的因素。因此，加强驾驶人的管理，提高驾驶人的遵纪守法观念和安全行车技术是非常重要的。

1．机动车驾驶证管理规定

机动车驾驶证，是证明公安机关交通管理部门许可持证人驾驶机动车的证件。只有持有效的机动车驾驶证的人员，才准予驾驶准驾车型在国内的道路上行驶。

《道路交通安全法》第二章第十九条规定：驾驶机动车，应当依法取得机动车驾驶证。

申请机动车驾驶证，应当符合国务院公安部门规定的驾驶许可条件；经考试合格后，由公安机关交通管理部门发给相应类别的驾驶证。

持有境外机动车驾驶证的人，符合国务院公安部门规定的驾驶许可条件，经公安机关交通管理部门考核合格的，可以发给中国的机动车驾驶证。

驾驶人应当按照驾驶证载明的准驾车型驾驶机动车；驾驶机动车时，应当随身携带机动车驾驶证。

公安机关交通管理部门以外的任何单位或者个人，不得收缴、扣留机动车驾驶证。

《实施条例》第二章规定：符合国务院公安部门规定的驾驶许可条件的人，可以向公安机关交通管理部门申请机动车驾驶证。

公安机关交通管理部门应当对申请机动车驾驶证的人进行考试，对考试合格的，在 5 日内核发机动车驾驶证；对考试不合格的，书面说明理由。

机动车驾驶人初次申领机动车驾驶证后的 12 个月为实习期。在实习期内驾驶机动车的，应当在车身后部粘贴或者悬挂统一式样的实习标志。

机动车驾驶人在实习期内不得驾驶公共汽车、营运客车或者执行任务的警车、消防车、救护车、工程救险车以及载有爆炸物品、易燃易爆化学物品、剧毒或者放射性等危险物品的机动车；驾驶的机动车不得牵引挂车。

2．机动车驾驶培训规定

机动车驾驶培训是一项保障道路交通安全的基础性工作，特别是我国目前正处于机动车保有量高速增长的时期，大量的"新手"驾车穿行于拥挤的道路上，如果不能有效地保障驾驶培训质量，将给道路交通安全带来极大的威胁。

《道路交通安全法》第二章第二十条规定：

机动车的驾驶培训实行社会化，由交通主管部门对驾驶培训学校、驾驶培训班实行备案管理，并对驾驶培训活动加强监督，其中专门的拖拉机驾驶培训学校、驾驶培训班由农业（农业机械）主管部门实行监督管理。

驾驶培训学校、驾驶培训班应当严格按照国家有关规定，对学员进行交通道路安全法律、法规、驾驶技能的培训，确保培训质量。

任何国家机关以及驾驶培训和考试主管部门不得举办或者参与举办驾驶培训学校、驾驶培训班。

《实施条例》第二十条规定：

学习机动车驾驶，应当先学习道路交通安全法律、法规和相关知识，考试合格后，再学习机动车驾驶技能。

在道路上学习驾驶，应当按照公安机关交通管理部门指定的路线、时间进行。在道路上学习机动车驾驶技能应当使用教练车，在教练员随车指导下进行，与教学无关的人员不得乘坐教练车。学员在学习驾驶中有道路交通安全违法行为或者造成交通事故的，由教练员承担责任。

3．机动车行驶前检查规定

车辆技术状况的好坏，尤其是涉及安全的部件是否齐全有效是决定行车安全的重要因素。在以往发生的交通事故中，有很多是由于车辆机件失灵、损坏造成的，如转向、制动失效及爆胎等原因。所以要保证车辆在道路上安全行驶，就必须在行车前对车辆进行认真检查及维护。

《道路交通安全法》规定：驾驶人驾驶机动车上道路行驶前，应当对机动车的安全技术性能进行认真检查；不得驾驶安全设施不全或者机件不符合技术标准等具有安全隐患的机动车。

4．驾驶人遵章守纪规定

《道路交通安全法》规定：机动车驾驶人应当遵守道路交通安全法律、法规的规定，按照操作规范安全驾驶、文明驾驶。饮酒、服用国家管制的精神药品或者麻醉药品，或者患有妨碍安全驾驶机动车的疾病，或者过度疲劳影响安全驾驶的，不得驾驶机动车。

交通安全法律、法规，是国家制定的用以保障交通安全的强制性规范，机动车驾驶人必须严格遵守。具体应做到：

（1）驾驶机动车时须携带驾驶证；

（2）不准转借、涂改或者伪造驾驶证；

（3）不准将机动车交给没有驾驶证的人驾驶；

（4）不准驾驶与驾驶证不符合的机动车；

（5）驾驶证未按规定审验或者审验不合格，不准继续驾驶机动车；

（6）不准驾驶安全设备不全或者机件失灵的机动车；

（7）不准驾驶不符合装载规定的机动车；

（8）在患有妨碍安全行车的疾病或者过度疲劳时，不准驾驶机动车；

（9）驾驶和乘坐二轮摩托车须戴头盔；

（10）车门、车厢门没有关好时，不准行车；

（11）不准穿拖鞋驾驶机动车；

（12）不准在驾驶机动车时吸烟、饮食、闲谈或者有其他妨碍安全行车的行为；

（13）不准酒后驾驶机动车；

（14）不准服用国家管制的精神药品或者麻醉药品后驾驶机动车。

5. 对机动车驾驶证实施审验的规定

《道路交通安全法》规定：公安机关交通管理部门依照法律、行政法规的规定，定期对机动车驾驶证实施审验。

6. 累积记分制度的管理规定

累积记分制度是指对交通违章的驾驶人，根据违章情节轻重分别记以分值，并在一年时间内进行累计，再按照累计的结果作出相应处理的制度。该制度是预防和减少驾驶人交通违章行为以及交通事故发生的一种有效的教育防范措施。

《道路交通安全法》规定：公安机关交通管理部门对机动车驾驶人违反道路交通安全法律、法规的行为，除依法给予行政处罚外，实行累积记分（以下简称记分）制度。

《实施条例》规定：

（1）记分周期为12个月。对在一个记分周期内记分达到12分的，由公安机关交通管理部门扣留其机动车驾驶证，该机动车驾驶人应当按照规定参加道路交通安全法律、法规的学习并接受考试。考试合格的，记分予以清除，发还机动车驾驶证；考试不合格的，继续参加学习和考试。

（2）应当给予记分的道路交通安全违法行为及其分值，由国务院公安部门根据道路交通安全违法行为的危害程度规定。

（3）公安机关交通管理部门应当提供记分查询方式供机动车驾驶人查询。

（4）机动车驾驶人在一个记分周期内记分未达到12分，所处罚款已经缴纳的，记分予以清除；记分虽未达到12分，但尚有罚款未缴纳的，记分转入下一记分周期。

（5）机动车驾驶人在一个记分周期内记分 2 次以上达到 12 分的，除按照第（1）条的规定扣留机动车驾驶证、参加学习、接受考试外，还应当接受驾驶技能考试。考试合格的，记分予以清除，发还机动车驾驶证；考试不合格的，继续参加学习和考试。

（6）接受驾驶技能考试的，按照本人机动车驾驶证载明的最高准驾车型考试。

（7）机动车驾驶人记分达到 12 分，拒不参加公安机关交通管理部门通知的学习，也不接受考试的，由公安机关交通管理部门公告其机动车驾驶证停止使用。

（8）机动车驾驶人在机动车驾驶证的 6 年有效期内，每个记分周期均未达到 12 分的，换发 10 年有效期的机动车驾驶证；在机动车驾驶证的 10 年有效期内，每个记分周期均未达到 12 分的，换发长期有效的机动车驾驶证。换发机动车驾驶证时，公安机关交通管理部门应当对机动车驾驶证进行审验。

《机动车驾驶证申领和使用规定》中依据道路交通安全违法行为的严重程度，将违法行为分为 50 种。其中一次记 12 分和 9 分的各有 7 种；一次记 6 分的有 11 种；一次记 3 分的有 15 种；一次记 1 分的有 10 种。

第二节　道路交通信号

道路交通信号是用以指挥车辆、行人在道路上通行的具有某种特定含义的法定信息，其作用是对道路上通行的车辆、行人科学地分配通行权，保障道路交通安全、有序。参与交通的机动车、非机动车、行人等必须严格按照交通信号的指示通行。全国实行统一的道路交通信号。道路交通信号包括交通信号灯、交通标志、交通标线和交通警察的指挥等。

交通信号灯、交通标志、交通标线的设置应当符合道路交通安全、畅通的要求和国家标准，并保持清晰、醒目、准确、完好。根据通行需要，应当及时增设、调换、更新道路交通信号。增设、调换、更新限制性的道路交通信号，应当提前向社会公告，广泛进行宣传。

一、交通信号灯

交通信号灯由红灯、绿灯、黄灯组成。红灯表示禁止通行，绿灯表示准许通行，黄灯表示警示。交通信号灯可分为指挥灯、车道灯和人行横道灯等。具体有机动车信号灯、非机动车信号灯、人行横道信号灯、车道信号灯、方向指示信号灯、闪光警告信号灯、道路与铁路平面交叉道口信号灯等。

1. 指挥灯信号

指挥灯信号包括绿灯亮、绿色箭头灯亮、黄灯亮、黄灯闪烁和红灯亮五种显示方式。设置样式有水平式和垂直式两种，指挥灯的形式有圆形灯和箭头灯两种，如图 4-1 所示。

（1）绿灯亮——准许通行信号　绿灯亮时，面对绿灯的车辆、行人均直行，也可左转弯、右转弯。但转弯的车辆不准妨碍直行的车辆和被放行的行人通行，如图 4-2 所示。

图4-1　指挥灯形式

（2）黄灯亮——预备停止信号　黄灯亮，是绿灯将要变红灯的过渡信号，此时不准车辆、行人通行，但已越过停止线的车辆和已经进入人行横道的行人，可继续通行，如图4-3所示。未进入停止线的，一律不准闯黄灯。但对于各方右转弯的车辆和T形路口右边无横道的直行车辆，在不妨碍被放行的车辆和行人通行的情况下，可以通行。

（3）红灯亮——禁止通行信号　红灯亮时，不准车辆、行人通行，如图4-4所示。但对于右转弯的车辆和T形路口右边无横道的直行车辆，在不妨碍被放行的车辆和行人通行的情况下，可以通行。

图4-2　绿灯通行示意图　　图4-3　黄灯通行示意图　　图4-4　红灯通行示意图

（4）绿色箭头灯亮——按规定方向通行信号　绿色箭头灯亮时，准许车辆按箭头所示方向通行。此时，无论三色灯哪个灯亮，车辆都可以按箭头所指的方向行驶。

（5）黄灯闪烁——夜间警告信号　黄灯闪烁在夜间、车流量很小的情况下使用，以提醒驾驶人和行人注意前方有交叉路口。黄灯闪烁时，车辆、行人须在确保安全的原则下通过。

2. 车道灯信号

车道灯信号由绿色箭头灯和红色叉形灯组成，如图4-5所示，设在可变车道上。绿色箭头灯亮时，准许面对箭头的车辆进入绿色箭头灯所指的车道内通行。红色叉形灯亮时，不准面对红色叉形灯的车辆进入红色叉形灯下方的车道通行。设置车道灯的目的，是为了提前提示驾驶人前方车道能否通行。如不能通行，须驶入绿色箭头灯下方的车道通行，以免造成交通堵塞。在通过公路收费站时，都能看到车道灯信号。

图4-5　车道灯

3. 人行横道灯信号

人行横道灯信号由红、绿两色灯组成，上红下绿，在红灯镜面上有一个站立的人形象，在绿灯镜面上有一个行走的人形象。设在车辆和人流繁忙的重要交叉路口的人行横道两端，灯头面向车行道，与道路中心线垂直，并与交通指挥信号系统相联系，与自动控制信号灯的开放灯色是一致的。

人行横道灯使用规定是：绿灯亮时，准许行人通过人行横道；绿灯闪烁时，行人不准进入人行横道，但已进入人行横道的，可以继续通行；红灯亮时，行人不准进入人行横道，如图4-6所示。路段中间的人行横道，可视实际需要设置行人按钮式的人行横道信号灯，车辆如遇行人要求横过车行道时应让其优先通过。

图4-6　人行横道灯

二、交通标志

交通标志是指用图形符号、颜色和文字等向交通参与者传递法定信息，用以管理、警告及引导交通的安全设施。

交通标志分为主标志和辅助标志两类。其中主标志包括警告标志、禁令标志、指示标志、指路标志、旅游区指示标志和道路施工安全标志6种，辅助标志是附设在主标志下，起辅助说明作用的标志。

1. 警告标志

警告标志的作用是警告车辆、行人注意危险地点。颜色为黄底、黑边、黑图案，形状除个别标志外，均为等边三角形，顶角朝上。

（1）路口警告标志　路口警告标志用于警告车辆、行人前方是路口，应减速，注意观察，并做好采取应急措施的准备，安全通过。路口警告标志有6个，根据公路通行速度的不同，设在进入路口前的适当位置，如图4-7所示。

十字交叉路	T形交叉路口	T形交叉路口
T形交叉路口	Y形交叉路口	环形交叉路口

图4-7　路口警告标志

（2）弯路警告标志　弯路警告标志用于警告驾驶人前面就要驶入弯道，要减速、鸣喇叭、靠右行，注意对方驶来车辆，保证会车安全。该标志有 4 个，根据公路通行速度的不同，设在进入弯路前的适当位置，如图 4-8 所示。

图4-8　弯路警告标志

（3）坡路警告标志　坡路警告标志设在纵坡度大于 7%（市区纵坡度大于 4%）的坡路前的适当位置，用于警告驾驶人前面是坡路，要提高警惕，谨慎驾驶，安全通过。该标志有 2 个，如图 4-9 所示。

图4-9　坡路警告标志

（4）窄路警告标志　窄路警告标志设在车道变窄以前的适当位置，用于警告驾驶人前面道路变窄，应注意减速，采取相应措施，防止驶出路外或发生碰撞。该标志有 4 个，如图 4-10 所示。

图4-10　窄路警告标志

（5）复杂路段警告标志　复杂路段警告标志设在地形较为复杂，道路通行条件较差的傍山险路、村庄、堤坝、隧道、渡口、过水路面、事故易发地段等驶入路段的适当位置，用于警告驾驶人根据不同道路特点，谨慎驾驶、注意安全。如图 4-11 所示。

（6）提醒注意标志　提醒注意标志有注意障碍物标志（左右绕行标志、左侧绕行标志、右侧绕行标志）、注意横风标志、注意行人标志、注意儿童标志、注意非机动车标志、注意牲畜标志、注意落石标志、注意信号灯标志和注意危险标志共 9 种、12 个，如图 4-12 所示。

注意障碍物标志设在障碍物前适当位置，用以提醒车辆前方有障碍物，车辆应按标志指示减速慢行、绕行。

注意横风标志设在经常有很强的侧向风出现的路段以前的适当位置，用以提醒驾驶人小心驾驶，注意横向大风。

注意行人标志一般设在郊外道路上划有人行横道的前方，城市道路上因人行横道较多，可根据实际需要设置，用以警告驾驶人注意前方有人行横道，注意行人并做好减速让行准备。

　　注意儿童标志主要设在小学、幼儿园、少年宫、儿童游乐场等儿童经常出入的场所附近的道路边上，用以警告驾驶人前方是少年儿童的集散地，在道路上通行的突然性大，要特别注意，保证安全。

　　注意非机动车标志设在混合行驶的道路并经常有非机动车横穿、出入的地点以前的适当位置。

傍山险路标志	村庄标志	堤坝标志	隧道标志
驼峰桥标志	渡口标志	过水路面标志	易滑标志
路面不平标志	施工标志	事故易发地段标志	

图4-11　复杂路段警告标志

左右绕行标志	左侧绕行标志	右侧绕行标志	注意横风标志
注意行人标志	注意儿童标志	注意非机动车标志	注意牲畜标志
注意落石标志(a)	注意落石标志 (b)	注意信号灯标志	注意危险标志

图4-12　提醒注意标志

注意牲畜标志设在经常有牲畜活动的路段特别是视线不良的路段以前的适当位置。

注意落石标志设在傍山路段上，用以提醒驾驶人注意山坡上落下石块。

注意信号灯标志设在驾驶人不易发现交通信号灯的路口或由高速公路驶入一般道路的第一个信号灯控制路口以前的适当位置，用以警告驾驶人前方是有信号灯指挥的路口，应注意信号，按信号指挥通行。

注意危险标志设在危险地点以前的适当位置，用以警告驾驶人注意以上标志不能包括的其他危险情况。这种标志虽然危险的内容不具体，但是危险情况是存在的，要求驾驶人要从多方面作好防范准备。

（7）铁路道口标志　铁路道口标志有无人看守铁路道口标志、有人看守铁路道口标志及叉形符号、斜杠符号4种、6个，如图4-13所示。

| 有人看守铁路道口标志 | 无人看守铁路道口标志 | 叉形符号 |
| 距铁路道口 50m 标志 | 距铁路道口 100m 标志 | 距铁路道口 150m 标志 |

图4-13　铁路道口标志

无人看守铁路道口标志和有人看守铁路道口标志设置在驶入道口路段以前的适当位置，用以提醒驾驶人前面是铁路，注意火车，做到"一慢、二看、三通过"。

叉形符号表示多股铁道与道路交叉。

在无人看守的铁路道口，应在无人看守铁路道口标志下设斜杠符号。斜杠符号共有三块，一道斜杠的标志设在距铁路道口 50m 的位置，二道、三道斜杠标志分别设在距铁路道口 100m 和 150m 位置，用以提醒驾驶人接近铁路道口的距离。

（8）其他警告标志　除上述警告标志外还有双向交通和慢行标志，如图4-14所示。

双向交通标志设在由单向行驶进入双向行驶或由双向分离行驶，因某种原因出现临时性、永久的不分离双向行驶路段以前的适当位置，用以警告车辆驾驶人注意会车安全。慢行标志设在需要减速慢行路段以

双向交通标志　　慢行标志

图4-14　其他警告标志

前的适当位置，用以警告驾驶人减速慢行，防止事故发生。

2. 禁令标志

禁令标志是禁止或限制车辆、行人交通行为的标志。其形状绝大多数为圆形，只有两个分别为等边八角形和顶角向下的等边三角形。颜色除个别标志外，多为白底、红圈、红杠、黑图案，图案压杠，如图4-15所示。

禁止向左右转弯	禁止直行	禁止向右转弯	禁止向左转弯
禁止行人通行	禁止骑自行车上坡	会车让行	减速让行
停车让行	停车检查	解除限制速度	限制速度
限制轴重	限制质量	限制高度	限制宽度
禁止鸣喇叭	禁止车辆长时间停放	禁止车辆临时或长时间停放	禁止超车
解除禁止超车		禁止掉头	

图4-15 禁令标志

3．指示标志

指示标志的作用是指示车辆、行人的行进方向或方式。其颜色为蓝底、白图案，形状分为圆形、长方形和正方形三种，如图 4-16 所示。

直行	向左转弯	向右转弯	直行和向左转弯
直行和向右转弯	向左和向右转弯	步行	单行路（直行）
单行路（向左或向右）	立交直行和右转弯行驶	环岛行驶	立交直行和左转弯行驶
靠左侧道路行驶	靠右侧道路行驶	允许掉头	非机动车车道
非机动车行驶	机动车行驶	最低限速	鸣喇叭
分向行驶车道	直行和右转合用车道	直行车道	右转车道
会车先行	干路先行	机动车车道	公交车道	人行横道

图 4-16　指示标志

4．指路标志

指路标志是传递道路方向、地点和距离等信息的标志。指路标志分为一般道路指路标志和高速公路指路标志两大类。其颜色，一般道路为蓝底、白图案，高速公路为绿底、白图案。其形状，除地点识别标志、里程碑、分合流标志外，都是长方形和正方形。

（1）一般道路指路标志　一般道路指路标志的形状除地点识别标志外，均为长方形，颜色大多为蓝底、白图案，如图4-17所示。

地名标志　　　　著名地点标志　　　　行政区划分界标志

道路管理分界　　　　　　　交叉路口标志

(a)　　　　(b)　　　　(c)　　　　(d)

十字路口标志

(a)　　　　(b)　　　　(a)　　　　(b)

丁字交叉路口标志　　　　环形交叉路口标志

(a)　　　　(b)　　　　(c)　　　　(d)

互通式立交标志

地点标志　　　　分叉处标志　　　　此路不通标志　　　　残疾人专用设施标志

图4-17

(a)

(b)

(c)

绕行标志

(a)

(b)

(c)

停车场标志

人行地下通道标志

人行天桥标志

避车道标志

(a)

(b)

(c)

(d)

(e)

(f)

(g)

(h)

(i)

(j)

地点识别标志

(a)

(b)

(c)

(d)

(e)

(f)

(g)

(h)

金鸡关隧道 长 500m
(i)

大型车 靠右
(j)

告示牌

G105
国道编号标志

S203
省道编号标志

X08
县道编号标志

(a)

(b)

(c)

(d)

(e)

(f)

(g)

(h)

行驶方向标志

图4-17 一般道路指路标志

（2）高速公路指路标志 高速公路指路标志大多为长方形、正方形和菱形，颜色大多为绿底、白图案，如图4-18所示。

机场高速 AIRPORT EXPWY 入口 ENTRANCE 1km
1km 前预告高速公路入口标志

机场高速 AIRPORT EXPWY 入口 ENTRANCE 500m
500m 前预告高速公路入口标志

机场高速 AIRPORT EXPWY 入口 ENTRANCE 200m
200m 前预告高速公路入口标志

京珠高速 JINGZHU EXPWY 入口 ENTRANCE
入口标志

京塘高速 JINGTANG EXPWY 北京天津 BEIJING TIANJIN
通往高速公路两个方向的入口预告标志

京塘高速 JINGTANG EXPWY 塘沽方向 DIRECTION OF TANGGU
通往高速公路某个方向的入口预告标志

京塘高速 JINGTANG EXPWY 廊坊入口 LANGFANG ENTRANCE
高速公路入口的地点方向标志

S203 京珠高速 JINGZHU EXPWY 入口 ENTRANCE
通向互通立交进入高速公路的入口预告标志

东三环 DONG SAN HUAN 机场高速 AIRPORT EXPWY 入口 ENTRANCE
从省道进入高速公路的入口预告标志

图4-18

起点标志

终点预告标志

终点标志

终点提示标志

(a)

(b)

(c)

出口标志

(a)

(b)

下一出口标志

(a)

(b)

(c)

(d)

出口预告标志

两个出口预告标志
（车辆需走右行车道
由"14B"出口）

两个出口预告标志
（车辆需走右行车道
由"14A"出口）

两个出口预告标志
（车辆需走直行车道
由"14B"出口）

(a)

(b)

(c)

(d)

(e)

地点方向标志

(a)

(b)

地点方向标志

地点距离标志

(a)

(b)

(c)

(d)

分流标志合流标志

百米牌标志

里程牌标志

(a)

(b)

(c)

道路交通信息标志

(a)

(b)

(c)

(d)

(e)

车距确认标志

(a)

(b)

(c)

(d)

爬坡车道标志

停车场标志

(a)

(b)

(c)

(d)

停车场预告标志

图 4-18

图4-18　高速公路指路标志

（3）线形诱导标志　线形诱导标志用以引导车辆驾驶人改变行驶方向，保证安全运行，视需要设于易肇事的弯道路段。一般道路为蓝底、白图案，高速公路为绿底、白图案，用以提供一般性行驶指示；警告性线形诱导标志为红底、白图案，可使车辆驾驶人提高警觉。如图4-19所示。

图4-19　线形诱导标志

5. 旅游区指示标志

为吸引和指示人们从高速公路或其他道路上前往邻近的旅游区，应在通往旅游景点的岔路口设置一系列旅游标志，使旅游者能方便识别通往旅游区的方向和距离，了解旅游项目的类别。旅游区指示标志分为指引标志和旅游符号标志两大类，形状为长方形或正方形，颜色为棕底、白图案，如图4-20所示。

旅游区方向标志　　旅游区距离标志
(a) 指引标志

问询处标志　　徒步标志　　索道标志

钓鱼标志　　野营地标志　　营火标志

游戏场标志　　骑马标志　　游泳标志

潜水标志　　划船标志　　滑雪标志

滑冰标志　　高尔夫球标志　　冬季浏览区标志
(b) 旅游符号标志

图4-20　旅游区指示标志

6. 道路施工安全标志

道路施工安全标志设在正在施工的道路上的适当位置，用以封路，指示、引导车辆绕行，警告车辆减速、注意安全等，如图 4-21 所示。

(a)

(b)

路栏

锥形交通路标

道口标柱

锥形交通路标

(a)

(b)

前方施工标志

道路施工标志

(a)

(b)

(c)

道路封闭标志

(a)

(b)

(c)

右道封闭标志

(a)

(b)

(c)

左道封闭标志

(a)

(b)

(c)

中间封闭标志

向左行驶标志　　　　向右行驶标志　　　　车辆慢行标志

向右改道标志　　　　向左改道标志

移动性施工标志示例

图4-21　道路施工安全标志

7. 辅助标志（共16种）

凡主标志无法完整表达或指示规定时，为维护行车安全与交通畅通，还需设置辅助标志，起辅助说明的作用。辅助标志的颜色为白底、黑字、黑边框，其形状为长方形。辅助标志安装在主标志下面，紧靠主标志下缘。辅助标志有时间标志、车辆种类标志、区域或距离标志、警告及禁令理由标志、组合辅助标志五种。如图4-22所示。

(a)　　　　(b)
时间标志

小型汽车标志　　货车标志　　货车、拖拉机标志　　除公共汽车外标志

向前200m标志　　向左100m标志　　向左、向右50m标志　　向右100m标志

图4-22

图4-22 辅助标志

三、道路交通标线

道路交通标线是由标画于路面上的各种线条、箭头、文字、立面标记、突起路标和轮廓标等构成的交通安全设施。它的作用是管制和引导交通，可以与标志配合使用，也可单独使用。道路交通标线按功能主要分为以下三类。一是指示标线：指示车行道、行车方向、路面边缘、人行道等设施。二是禁止标线：告示道路交通的遵行、禁止、限制等特殊规定，车辆驾驶人及行人需严格遵守。三是警告标线：促使车辆驾驶人及行人了解道路上的特殊情况，提高警觉。

1. 指示标线

指示标线共有 30 种，如图 4-23 所示。

边缘线的尺寸 (cm)

左转弯待转区线

左转弯导向线

人行横道（斜交）

人行横道（正交）

人行横道（信号灯路口）

图4-23

人行横道预告标示

车距确认线 (m)

500

60

45

车距确认线尺寸 (cm)

中央分隔带

驶出匝道

边缘线

直接式入口标线

中央分隔带
边缘线
驶出匝道
直接式出口标线

中央分隔带
边缘线
驶出匝道
平行式出口标线

中央分隔带
边缘线
驶出匝道
平行式入口标线

平行式停车位

倾斜式停车位

垂直式停车位

中央分隔带
港湾式停靠站

图4-23

中央分隔带

港湾式停靠站

最高车速

计算行车速度在 60 ～ 80km/h 时的导向箭头
及行车速度≥100km/h 的导向箭头

计算行车速度≤40km/h 的导向箭头

1000 500
45
+20
行车方向
45° 100
行车方向

收费岛地面标线

小型车

大型车

超车道

图 4-23　指示标线

2. 禁止标线

禁止标线共有 29 种，如图 4-24 所示（图中略去 7 种）。

中心黄色双实线

中心黄色虚实线

三车道标线

禁止变换车道线

禁止路边长时间停放车辆线

禁止路边临时或长时间停放车辆线

信号灯路口的停止线

停止线的尺寸 (cm)

停止让行线

减速让行线

非机动车禁驶区标志

复杂行驶条件丁字路口导流线

复杂行驶条件

斜交丁字路口导流线

图4-24

不规则路口导流线　　　　　　　　　　　Y 形路口导流线

支路口主干道相交路口导流线　　　　　　　简化网状线

网状线　　　　　　　　　　　　　　　中心圈 (1)

专用车道线　　　　　　　　　　　　　中心圈 (2)

图 4-24　禁止标线

3. 警告标线

警告标线共 11 种，如图 4-25 所示。

三车道缩减为双车道　　四车道缩减为双车道　　四车道缩减为三车道

四车道缩减为两车道　　三车道斑马线过渡　　双向两车道改变为双向四车道

双车道中间有障碍　　四车道中间有障碍　　同方向两车道中间有障碍

减速标线　　铁路平道口标线

图4-25　警告标线

4. 其他标志

其他标志有 2 种，如图 4-26 所示。

立面标记

收费广场减速标线设置示例 (m)

图4-26　其他标志

四、道路施工安全设施设置示例

道路因施工、养护或其他情况致交通受阻，应根据道路交通的实际需要设置施工标志、路栏、锥形交通路标等安全设施，夜间应有反光或施工警告灯，必要时应使用信号或派旗手管制交通。设置示例如图 4-27 所示。

(a) 双车道路面局部施工时设施布设例

锥形交通路标

夜间安装施工警告灯

施 工 路 段

车辆慢行

道路封闭

向左改道

前方施工
300m

前方施工
1km

(b) 改道施工时设施布设例

图4-27 道路施工安全设施设置示例

五、交通警察的指挥

交通警察的指挥是一种特殊的交通信号，也是一种动态的、灵活的交通引导方式，它可以根据道路交通实际情况，灵活地引导、指挥交通，保障道路交通安全、畅通。比如当有重大体育或文艺活动举办（如奥运会期间），道路上正进行某项群众性活动（如长跑、火炬传递等），国家领导人乘坐的车辆正通过道路，特别是当遇到交通信号灯因故短时间内不能正常使用时，交通警察的指挥尤为重要。交通警察的指挥是道路交通信号的一种，但又与交通信号灯、交通标志和交通标线等交通信号设施有区别。交通警察的指挥具有优先其他交通信号得以适用的特点。也就是说，在有交通警察现场指挥道路交通的情况下，车辆和行人应当遵照交通警察的现场指挥通行。

交通警察手势信号原来一共有 11 种，从 2007 年 10 月 1 日起，新的交通警察手势信号开始在全国施行。新的交通警察手势信号由原来的 11 种减少到 8 种，即停止信号、直行信号、左转弯信号、左转弯待转信号、右转弯信号、变道信号、减速慢行信号、示意车辆靠边停车信号。将很少用、重复的两种停车信号、两种直行信号分别合并成一种停车信号、一种直行信号，取消"左大转弯信号"，保留了使用频率高、交通参与者熟悉并了解的手势信号。

新的交通警察手势信号增强了指挥的实用性，提高了交通警察的指挥效能，有利于保障道路交通的安全畅通，有利于树立交通警察良好的执勤执法形象。新的交通警察手势信号简化了"直行信号""左转弯信号""左转弯待转信号""减速慢行信号"中交通警察的头部动作，简化了原"前车避让后车信号"的动作，并将其修改为"变道信号"，使手势信号更加简洁明了，提高了指挥效能。施行新修订的交通警察手势信号还对使用指挥棒指挥提出了明确的要求，规定交通警察在夜间及雨、雪、雾等光线较暗或者照明条件较差等条件下执勤时，可以用右手持指挥棒按照手势信号指挥交通，明确了指挥棒指挥交通的法律效能。

现将新的交通警察手势信号图解如下。

（1）停止信号　左臂由前向上直伸，手掌向前，目光平视前方。示意不准前方车辆通行，但已越过停止线的车辆可继续通行。如图 4-28 所示。

(a)   (b)

图4-28　停止信号

（2）直行信号　左臂向左平伸与身体成 90°，手掌向前，面部及目光同时向左转 45°；右臂向右平伸与身体成 90°，手掌向前，面部及目光同时向右转 45°；右臂水平向左摆动，与身体成 90°，小臂弯曲至与大臂成 90°，小臂与前胸平行，面部及目光向左转 45°；右臂重复摆动。示意准许左右两方直行的车辆通行。各方右转弯的车辆在不妨碍被放行车辆通行的情况下可以通行。如图 4-29 所示。

(a)　　　　　　　　　　　　(b)

(c)　　　　　　　　　　　　(d)

图4-29　直行信号

（3）左转弯信号　右臂向前平伸与身体成 90°，面部及目光向左方转 45°，手掌向前，左臂与手掌平直向左前方摆动，手臂与身体成 45°，左臂重复摆动。示意准许车辆左转弯，在不妨碍被放行车辆通行的情况下可以掉头。如图 4-30 所示。

（4）左转弯待转信号　左臂向左平伸与身体成 45°，掌心向下，面部及目光同时转向左方 45°，如图 4-31（a）所示；左臂与手掌平直向下方摆动，手臂与身体成 15°，如图 4-31（b）所示，面部及目光保持目视左方 45°，完成第一次摆动；重复摆动。示意准许左方左转弯车辆进入路口，沿左转弯行驶方向靠近路口中心，等待左转弯信号。如图 4-31 所示。

（5）右转弯信号　左臂向前平伸与身体成 90°，面部及目光向右方转 45°，手掌向前，右臂与手掌平直向右前方摆动，手臂与身体成 45°，右臂重复摆动。示意准许右方的车辆右转弯。如图 4-32 所示。

(a)　　　　　　　　　　(b)

图4-30　左转弯信号

(a)　　　　　　　　　　(b)

图4-31　左转弯待转信号

(a)　　　　　　　　　　(b)

图4-32　右转弯信号

（6）变道信号　面向来车方向，右臂向前平直与身体成90°，掌心向左，面部及目光平视前方；右臂向左水平摆动与身体成45°，完成第一次摆动；重复摆动。示意车辆变道，减速慢行。如图4-33所示。

(a)　　　　　　　　　　　　　　　(b)

图4-33　变道信号

（7）减速慢行信号　右臂向右前方平伸，与肩平行，与身体成135°，掌心向下，面部及目光同时转向右方45°；右臂与手掌平直向下摆动，手臂与身体成45°，完成第一次摆动。重复摆动。示意车辆减速慢行。如图4-34所示。

(a)　　　　　　　　　　　　　　　(b)

图4-34　减速慢行信号

（8）示意车辆靠边停车信号　面向来车方向，左臂由前向上直伸，与身体成135°，掌心向前，右臂向左水平摆动与身体成45°，完成第一次摆动，重复摆动，示意车靠边停车。如图4-35所示。

(a)   (b)

图4-35   示意车辆靠边停车信号

第三节   道路通行规定

一、一般规定

1．右侧通行规定

《道路交通安全法》第三十五条规定：机动车、非机动车实行右侧通行。

所谓右侧通行，是指在道路上行进方向的右侧通行。除有特别规定的车辆，在保证交通安全的原则下有不受行驶路线限制的特许之外，所有机动车、非机动车都不准逆行，必须右侧通行。

车辆右行或左行是道路交通法规必须首先解决和规定的最基本问题。规定靠左或靠右行驶，主要依据各个国家的习惯，世界上有2/3的国家规定右侧通行。一般情况下，靠右行驶的车辆，转向盘装置在车的左边；靠左行驶的车辆，转向盘装置在车的右边。目前我国制造的汽车，不管大型车还是小型车，转向盘均在左侧。这是按我国靠右侧通行的规定设计制造的。

2．分道通行规定

分道通行是指各种车辆须按交通法规所规定的道路通行，不准随意占用其他道路。《道路交通安全法》第三十六条规定：根据道路条件和通行需要，道路划分为机动车道、非机动车道和人行道的，机动车、非机动车、行人实行分道通行。没有划分机动车道、非机动车道和人行道的，机动车在道路中间通行，非机动车和行人在道路两侧通行。

（1）机动车道通行规定 《实施条例》对机动车道的通行规定如下：

在道路同方向划有2条以上机动车道的，左侧为快速车道，右侧为慢速车道。在快速车道行驶的机动车应当按照快速车道规定的速度行驶，未达到快速车道规定的行驶速度的，应当在慢速车道行驶。摩托车应当在最右侧车道行驶。有交通标志标明行驶速度的，按照标明的行驶速度行驶。慢速车道内的机动车超越前车时，可以借用快速车道行驶。

在道路同方向划有 2 条以上机动车道的，变更车道的机动车不得影响相关车道内行驶的机动车的正常行驶。

（2）专用车道通行规定　所谓专用车道，是指在道路范围内，用交通标志、交通标线施划的，或者由其他交通设施分隔出来的，专门供某类车辆通行而其他任何非准许在本车道内通行的车辆不得进入该车道内行驶的车道。

《道路交通安全法》第三十七条规定：道路划设专用车道的，在专用车道内，只准许规定的车辆通行，其他车辆不得进入专用车道内行驶。

在道路上施划专用车道，为某类车辆提供专门车道通行，这是大多数国家和地区为缓解交通压力，提高交通通行效率的成功经验和通常做法。如奥运会期间，北京划出了奥运专用车道。目前，国内许多城市道路施划的专用车道基本上都是公交专用车道。根据规定，公交专用车道在规定时间、路线只准许公交车辆依次行驶，其他机动车禁止通行；在路口，其他车辆需要穿行公交专用车道转弯时，在不影响公交车辆行驶的情况下，可以在 30m 内借道转弯。

3．按照交通指挥信号通行的规定

交通指挥信号是规范、引导交通的重要交通设施，是城市交通管理的重要手段，是通过一定的形式和特定的内容，向车辆和行人发出能否通行或如何通行的信息标志，使车辆和行人有秩序地、顺利地通过平面交叉路口，对保障交通安全与畅通，提高现有道路的交通流量有着重要作用。

《道路交通安全法》第三十八条规定：车辆、行人应当按照交通信号通行；遇有交通警察现场指挥时，应当按照交通警察的指挥通行；在没有交通信号的道路上，应当在确保安全、畅通的原则下通行。

二、机动车通行规定

1．行驶速度规定

行驶速度是指机动车在单位时间内所运行的路程。行驶速度不仅是表示车辆在道路上行驶快慢的指标，也是检验车辆在行驶过程中的技术性能、发动机功率利用率、油耗、胎耗、机件磨损、车辆使用寿命及行车安全的重要技术指标。

《道路交通安全法》第四十二条规定：机动车上道路行驶，不得超过限速标志标明的最高时速。在没有限速标志的路段，应当保持安全车速。

夜间行驶或者在容易发生危险的路段行驶，以及遇有沙尘、冰雹、雨、雪、雾、结冰等气象条件时，应当降低行驶速度。

《实施条例》对在不同道路条件下最高行驶速度的具体规定是：

（1）没有道路中心线的道路，城市道路为 30km/h，公路为 40km/h；

（2）同方向只有 1 条机动车道的道路，城市道路为 50km/h，公路为 70km/h。

机动车行驶中遇有下列情形之一的，最高行驶速度不得超过 30km/h，其中拖拉机、电瓶车、轮式专用机械车不得超过 15km/h：

（1）进出非机动车道，通过铁路道口、急弯路、窄路、窄桥时；

（2）掉头、转弯、下陡坡时；

（3）遇雾、雨、雪、沙尘、冰雹，能见度在 50m 以内时；

（4）在冰雪、泥泞的道路上行驶时；

（5）牵引发生故障的机动车时。

《实施条例》还规定：在单位院内、居民居住区内，机动车应当低速行驶，避让行人；有限速标志的，按照限速标志行驶。

2. 行驶车间距离与超车规定

车辆在行驶中，若遇有情况采取制动时，由于车辆的行驶惯性和驾驶人的操纵反应时间，车辆必然有一段制动距离。因此，为防止追尾事故发生，在同一车道同向行驶的车辆之间必须保持相应的车间距离，这一距离称为安全距离。

《道路交通安全法》第四十三条规定：同车道行驶的机动车，后车应当与前车保持足以采取紧急制动措施的安全距离。有下列情形之一的，不得超车：

（1）前车正在左转弯、掉头、超车的；

（2）与对面来车有会车可能的；

（3）前车为执行紧急任务的警车、消防车、救护车、工程救险车的；

（4）行经铁路道口、交叉路口、窄桥、弯道、陡坡、隧道、人行横道、市区交通流量大的路段等没有超车条件的。

《实施条例》第四十七条规定：机动车超车时，应当提前开启左转向灯、变换使用远、近光灯或者鸣喇叭。在没有道路中心线或者同方向只有 1 条机动车道的道路上，前车遇后车发出超车信号时，在条件许可的情况下，应当降低速度、靠右让路。后车应当在确认有充足的安全距离后，从前车的左侧超越，在与被超车辆拉开必要的安全距离后，开启右转向灯，驶回原车道。

安全距离的大小与行驶速度、气候条件及路面情况密切相关。一般来讲，车速高、路面滑，安全距离就相应增大。同时，必要的安全距离可扩大驾驶人的视野，提高安全系数。从安全角度来看，车间距离越大越安全，但是距离过长，影响道路通车流量，不利于提高运输效率。

3. 交叉路口的通行规定

"交叉路口"，也称为平面交叉路口，是指两条或两条以上道路在同一平面交会贯通的部位。平面交叉路口是道路交通线上的咽喉和枢纽，是各种车辆变换方向的地点和交通流的集散地。车辆在通过交叉路口时，容易发生交通堵塞和交通事故。

《道路交通安全法》第四十四条规定：机动车通过交叉路口，应当按照交通信号灯、交通标志、交通标线或者交通警察的指挥通过；通过没有交通信号灯、交通标志、交通标线或者交通警察指挥的交叉路口时，应当减速慢行，并让行人和优先通行的车辆先行。

《实施条例》第五十一条规定：机动车通过有交通信号灯控制的交叉路口，应当按照下列规定通行：

（1）在划有导向车道的路口，按所需行进方向驶入导向车道；

（2）准备进入环形路口的让已在路口内的机动车先行；

（3）向左转弯时，靠路口中心点左侧转弯，转弯时开启转向灯，夜间行驶开启近光灯；

（4）遇放行信号时，依次通过；

（5）遇停止信号时，依次停在停止线以外，没有停止线的，停在路口以外；

（6）向右转弯遇有同车道前车正在等候放行信号时，依次停车等候；

（7）在没有方向指示信号灯的交叉路口，转弯的机动车让直行的车辆、行人先行。相对方向行驶的右转弯机动车让左转弯车辆先行。

《实施条例》第五十二条又明确规定，机动车通过没有交通信号灯控制也没有交通警察指挥的交叉路口，除应当遵守第五十一条第（2）项、第（3）项的规定外，还应当遵守下列规定：

（1）有交通标志、标线控制的，让优先通行的一方先行；

（2）没有交通标志、标线控制的，在进入路口前停车瞭望，让右方道路的来车先行；

（3）转弯的机动车让直行的车辆先行；

（4）相对方向行驶的右转弯的机动车让左转弯的车辆先行。

《实施条例》第五十三条对在交叉路口停车等候规定如下：

（1）机动车遇有前方交叉路口交通阻塞时，应当依次停在路口以外等候，不得进入路口；

（2）机动车在遇有前方机动车停车排队等候或者缓慢行驶时，应当依次排队，不得从前方车辆两侧穿插或者超越行驶，不得在人行横道、网状线区域内停车等候；

（3）机动车在车道减少的路口、路段，遇有前方机动车停车排队等候或者缓慢行驶的，应当每车道一辆依次交替驶入车道减少后的路口、路段。

4．铁路道口通行规定

铁路道口是车辆、行人与火车交叉的地点，一旦发生事故，后果严重。

《道路交通安全法》第四十六条规定：机动车通过铁路道口时，应当按照交通信号或者管理人员的指挥通行；没有交通信号或者管理人员的，应当减速或者停车，在确认安全后通过。

《实施条例》第四十三条对铁路道口的交通信号规定：道路与铁路平面交叉道口有两个红灯交替闪烁或者一个红灯亮时，表示禁止车辆、行人通行；红灯熄灭时，表示允许车辆、行人通行。

5．人行横道通行规定

"人行横道"是指横划在车行道上专供行人横过车行道的通道，一般设置于十字路口处或行人通行频率较高的路段上。道路上设置人行横道，可避免行人随处乱穿道路，对保证机动车正常行驶和保护行人安全具有重要作用。

《道路交通安全法》第四十七条规定：机动车行经人行横道时，应当减速行驶；遇行人在通过人行横道，应当停车让行。

机动车行经没有交通信号的道路时，遇行人横过道路，应当避让。

6. 会车规定

《实施条例》第四十八条规定：在没有中心隔离设施或者没有中心线的道路上，机动车遇相对方向来车时应当遵守下列规定：

（1）减速靠右行驶，并与其他车辆、行人保持必要的安全距离；

（2）在有障碍的路段，无障碍的一方先行；但有障碍的一方已驶入障碍路段而无障碍的一方未驶入时，有障碍的一方先行；

（3）在狭窄的坡路，上坡的一方先行；但下坡的一方已行至中途而上坡的一方未上坡时，下坡的一方先行；

（4）在狭窄的山路，不靠山体的一方先行；

（5）夜间会车应当在距相对方向来车 150m 以外改用近光灯，在窄路、窄桥与非机动车会车时应当使用近光灯。

7. 掉头规定

《实施条例》第四十九条规定：机动车在有禁止掉头或者禁止左转弯标志、标线的地点以及在铁路道口、人行横道、桥梁、急弯、陡坡、隧道或者容易发生危险的路段，不得掉头。

机动车在没有禁止掉头或者没有禁止左转弯标志、标线的地点可以掉头，但不得妨碍正常行驶的其他车辆和行人的通行。

8. 倒车规定

《实施条例》第五十条规定：机动车倒车时，应当察明车后情况，确认安全后倒车。不得在铁路道口、交叉路口、单行路、桥梁、急弯、陡坡或者隧道中倒车。

9. 停车规定

（1）临时停车规定 《实施条例》第六十三条对机动车在道路上临时停车规定如下：

① 在设有禁停标志、标线的路段，在机动车道与非机动车道、人行道之间设有隔离设施的路段以及人行横道、施工地段，不得停车；

② 交叉路口、铁路道口、急弯路、宽度不足 4m 的窄路、桥梁、陡坡、隧道以及距离上述地点 50m 以内的路段，不得停车；

③ 公共汽车站、急救站、加油站、消防栓或者消防队（站）门前以及距离上述地点 30m 以内的路段，除使用上述设施的以外，不得停车；

④ 车辆停稳前不得开车门和上下人员，开关车门不得妨碍其他车辆和行人通行；

⑤ 路边停车应当紧靠道路右侧，机动车驾驶人不得离车，上下人员或者装卸物品后，立即驶离；

⑥ 城市公共汽车不得在站点以外的路段停车上下乘客。

（2）故障车停车规定　《道路交通安全法》第五十二条规定：机动车在道路上发生故障，需要停车排除故障时，驾驶人应当立即开启危险报警闪光灯，将机动车移到不妨碍交通的地方停放；难以移动的，应当持续开启危险报警闪光灯，并在来车方向设置警告标志等措施扩大示警距离，必要时迅速报警。

10. 特殊路段通行规定

（1）《实施条例》第六十四条规定：机动车行经漫水路或者漫水桥时，应当停车察明水情，确认安全后，低速通过；

（2）《实施条例》第六十五条规定：机动车载运超限物品行经铁路道口的，应当按照当地铁路部门指定的铁路道口、时间通过。

机动车行经渡口，应当服从渡口管理人员指挥，按照指定地点依次待渡。机动车上下渡船时，应当低速慢行。

11. 驾车行为规定

《实施条例》第六十二条规定：驾驶机动车不得有下列行为：

（1）在车门、车厢没有关好时行车；

（2）在机动车驾驶室的前后窗范围内悬挂、放置妨碍驾驶人视线的物品；

（3）拨打接听手持电话、观看电视等妨碍安全驾驶的行为；

（4）下陡坡时熄火或者空挡滑行；

（5）向道路上抛撒物品；

（6）驾驶摩托车手离车把或者在车把上悬挂物品；

（7）连续驾驶机动车超过 4h 未停车休息或者停车休息时间少于 20min；

（8）在禁止鸣喇叭的区域或者路段鸣喇叭。

12. 灯光与警报装置使用规定

（1）转向灯使用规定　《实施条例》第五十七条规定：机动车应当按照下列规定使用转向灯：

① 向左转弯、向左变更车道、准备超车、驶离停车地点或者掉头时，应当提前开启左转向灯；

② 向右转弯、向右变更车道、超车完毕驶回原车道、靠路边停车时，应当提前开启右转向灯。

（2）照明及危险报警闪光灯使用规定

①《实施条例》第五十八条规定：机动车在夜间没有路灯、照明不良或者遇有雾、雨、雪、沙尘、冰雹等低能见度情况下行驶时，应当开启前照灯、示廓灯和前后位灯，但同方向行驶的后车与前车近距离行驶时，不得使用远光灯。机动车雾天行驶应当开启雾灯和危险报警闪光灯。

②《实施条例》第五十九条规定：机动车在夜间通过急弯、坡路、拱桥、人行横道或者

没有交通信号灯控制的路口时，应当交替使用远近光灯示意。

③《实施条例》第六十条规定：机动车在道路上发生故障或者发生交通事故，妨碍交通又难以移动的，应当按照规定开启危险报警闪光灯并在车后 50～100m 处设置警告标志，夜间还应当同时开启示廓灯和后尾灯。

（3）警报器及标志灯具使用规定 《道路交通安全法》第五十三条规定：警车、消防车、救护车、工程救险车执行紧急任务时，可以使用警报器、标志灯具；在确保安全的前提下不受行驶路线、行驶方向、行驶速度和信号灯的限制，其他车辆和行人应当让行。

警车、消防车、救护车、工程救险车非执行紧急任务时，不得使用警报器、标志灯具，不享有前款规定的道路优先通行权。

《实施条例》第六十六条规定：警车、消防车、救护车、工程救险车在执行紧急任务遇交通受阻时，可以断续使用警报器，并遵守下列规定：

① 不得在禁止使用警报器的区域或者路段使用警报器；

② 夜间在市区不得使用警报器；

③ 列队行驶时，前车已经使用警报器的，后车不再使用警报器。

13．其他规定

《道路交通安全法》第五十四条规定：道路养护车辆、工程作业车进行作业时，在不影响过往车辆通行的前提下，其行驶路线和方向不受交通标志、标线限制，过往车辆和人员应当注意避让。

洒水车、清扫车等机动车应当按照安全作业标准作业；在不影响其他车辆通行的情况下，可以不受车辆分道行驶的限制，但是不得逆向行驶。

三、高速公路通行规定

1．进入规定

（1）行人、非机动车、拖拉机、轮式专用机械车、铰接式客车、全挂拖斗车以及其他设计最高速度低于 70km/h 的机动车，不得进入高速公路。

（2）实习驾驶人不准驾驶车辆进入高速公路。

（3）进入高速公路的车辆应当配备故障车警告标志牌。驾驶人和前排乘车人必须系安全带。

2．乘载规定

（1）机动车行驶中，乘车人不准站立；货运机动车除驾驶室和车厢经核准设有的固定座位外，其他任何部位不准载人；二轮摩托车在高速公路上行驶时不准载人。

（2）机动车载运危险物品或载物长度和宽度超出车厢，高度超过《实施条例》规定的，必须经公安机关交通管理部门批准后，按指定路线、时间、车道、速度行驶，并须悬挂明显标志。

3．车道规定

高速公路按行驶方向左侧算起，第一条车道为超车道，第二条、第三条和其他车道均为行车道。机动车应当在行车道上行驶。

4．限速规定

《实施条例》第七十八条规定：高速公路应当标明车道的行驶速度，最高车速不得超过120km/h，最低车速不得低于60km/h。

在高速公路上行驶的小型载客汽车最高车速不得超过120km/h，其他机动车不得超过100km/h，摩托车不得超过80km/h。

同方向有2条车道的，左侧车道的最低车速为100km/h；同方向有3条以上车道的，最左侧车道的最低车速为110km/h，中间车道的最低车速为90km/h。道路限速标志标明的车速与上述车道行驶车速的规定不一致的，按照道路限速标志标明的车速行驶。

5．驶入与驶离规定

《实施条例》第七十九条规定：机动车从匝道驶入高速公路，应当开启左转向灯，在不妨碍已在高速公路内的机动车正常行驶的情况下驶入车道。

机动车驶离高速公路时，应当开启右转向灯，驶入减速车道，降低车速后驶离。

6．车距规定

《实施条例》第八十条规定：机动车在高速公路上行驶，车速超过100km/h时，应当与同车道前车保持100m以上的距离，车速低于100km/h时，与同车道前车距离可以适当缩短，但最小距离不得少于50m。

7．不良气候条件下通行规定

《实施条例》第八十一条规定：机动车在高速公路上行驶，遇有雾、雨、雪、沙尘、冰雹等低能见度气象条件时，应当遵守下列规定：

（1）能见度小于200m时，开启雾灯、近光灯、示廓灯和前后位灯，车速不得超过60km/h，与同车道前车保持100m以上的距离；

（2）能见度小于100m时，开启雾灯、近光灯、示廓灯、前后位灯和危险报警闪光灯，车速不得超过40km/h，与同车道前车保持50m以上的距离；

（3）能见度小于50m时，开启雾灯、近光灯、示廓灯、前后位灯和危险报警闪光灯，车速不得超过20km/h，并从最近的出口尽快驶离高速公路。

遇有前款规定情形时，高速公路管理部门应当通过显示屏等方式发布速度限制、保持车距等提示信息。

8．禁止行为规定

《实施条例》第八十二条规定：机动车在高速公路上行驶，不得有下列行为：

（1）倒车、逆行、穿越中央分隔带掉头或者在车道内停车；

（2）在匝道、加速车道或者减速车道上超车；

（3）骑、轧车行道分界线或者在路肩上行驶；

（4）非紧急情况时在应急车道行驶或者停车；

（5）试车或者学习驾驶机动车。

《高速公路交通管理办法》中还规定：机动车行驶中需要超越前车或者变更车道时，必须提前开启转向灯，夜间还须变换使用远、近光灯，确认与要进入的车道前方车辆以及后方来车均有足够的行车间距后，再驶入需要进入的车道。超车时只允许使用相邻的车道，超车后应当立即驶回行车道。

9. 车辆发生故障的处置规定

《道路交通安全法》第六十八条规定，机动车在高速公路上发生故障时，驾驶人应当立即开启危险报警闪光灯，将机动车移至不妨碍交通的地方停放；难以移动的应当持续开启危险报警闪光灯，并在来车方向设置警告标志等措施扩大示警距离；警告标志应当设置在故障车来车方向 150m 以外，车上人员应当迅速转移到右侧路肩上或者应急车道内，并且迅速报警。

机动车在高速公路上发生故障或者交通事故，无法正常行驶的，应当由救援车、清障车拖曳、牵引。

第四节　车辆装载与牵引规定

一、车辆载人规定

车辆必须按照规定载人，不能超载，不能违章载人。

《道路交通安全法》第四十九条规定：机动车载人不得超过核定的人数，客运机动车不得违反规定载货。"核定的人数"是指经车辆管理部门对机动车进行检验后，车辆行驶证所核实的机动车载人数。

《道路交通安全法》第五十条规定：禁止货运机动车载客。货运机动车需要附载作业人员的，应当设置保护作业人员的安全措施。

《实施条例》第五十五条对机动车载人做了以下规定：

（1）公路载客汽车不得超过核定的载客人数，但按照规定免票的儿童除外，在载客人数已满的情况下，按照规定免票的儿童不得超过核定载客人数的 10%。

（2）载货汽车车厢不得载客。在城市道路上，货运机动车在留有安全位置的情况下，车厢内可以附载临时作业人员 1 人至 5 人；载物高度超过车厢栏板时，货物上不得载人。

（3）摩托车后座不得乘坐未满 12 周岁的未成年人，轻便摩托车不得载人。

《道路交通安全法》第五十一条规定：机动车行驶时，驾驶人、乘坐人员应当按规定使用安全带，摩托车驾驶人及乘坐人员应当按规定戴安全头盔。

安全带是指在车辆行驶过程中将车上人员固定在座位上，防止其因车辆颠簸、转弯、制动甚至发生撞击、侧翻、颠覆等意外时与车内其他人员、物品相撞或者被甩出车身的一种安全防护装置。使用安全带可以减少和避免汽车发生事故时给驾驶人和乘客带来的伤害。

公安部发布的《关于驾驶和乘坐小型客车必须使用安全带的通告》具体规定：

（1）乘坐人员在 20 人以下、车长在 6m 以下的小型客车，都必须在车辆前排座位装备安全带；

（2）所有小型客车在行驶时，驾驶人和前排座乘车人必须使用安全带，违者将受到警告或罚款处罚；

（3）对于没有装备安全带的车辆，公安机关不予核发牌证或者不准在道路上行驶。

二、车辆载物规定

《道路交通安全法》第四十八条规定：机动车载物应当符合核定的载质量，严禁超载；载物的长、宽、高不得违反装载要求，不得遗洒、飘散载运物。

1．载质量规定

载质量是指车辆除本身整备质量外的最大限度的装载货物的质量。《实施条例》对车辆超载又具体规定：机动车载物不得超过机动车行驶证上核定的载质量。

2．载物高度规定

《实施条例》第五十四条对机动车载物高度，根据不同车种分别作了如下规定：重型、中型载货汽车，半挂车载物，高度从地面起不得超过 4m，载运集装箱的车辆不得超过 4.2m；其他载货的机动车载物，高度从地面起不得超过 2.5m；摩托车载物，高度从地面起不得超过 1.5m；载客汽车除车身外部的行李架和内置的行李箱外，不得载货。载客汽车行李架载货，从车顶起高度不得超过 0.5m，从地面起高度不得超过 4m。

3．载物长度和宽度规定

载物超长或超宽严重影响交通安全。为此《实施条例》规定：汽车装载长度、宽度不得超出车厢；摩托车载物长度不得超出车身 0.2m；两轮摩托车载物宽度左右各不得超出车把 0.15m；三轮摩托车载物宽度不得超过车身。

4．特殊货物装载规定

特殊货物一般是指运载时体积超过了上述的规定而又不能解体的货物，对于体积超过规定的物品，《道路交通安全法》规定：机动车运载超限的不可解体的物品，影响交通安全的，应当按照公安机关交通管理部门指定的时间、路线、速度行驶，悬挂明显标志。在公路上运载超限的不可解体的物品，并应当依照公路法的规定执行。

5．危险品载运规定

机动车载运爆炸物品、易燃易爆化学物品以及剧毒、放射性等危险物品，应当经公安机关批准后，按指定的时间、路线、速度行驶，悬挂警示标志并采取必要的安全措施。

三、车辆牵引规定

1．车辆牵引挂车规定

牵引挂车是指有动力的车辆牵引其他无动力的车辆。车辆拖带挂车后车体增长，载质量增加，使驾驶操作难度加大。因此《实施条例》规定：

（1）载货汽车、半挂牵引车、拖拉机只允许牵引 1 辆挂车。挂车的灯光信号、制动、连接、安全防护等装置应当符合国家标准。

（2）小型载客汽车只允许牵引旅居挂车或者总质量 700kg 以下的挂车。挂车不得载人。

（3）载货汽车所牵引挂车的载重量不得超过载货汽车本身的载质量。

大型、中型载客汽车，低速载货汽车，三轮汽车以及其他机动车不得牵引挂车。

2．牵引故障机动车规定

牵引故障机动车是指有动力的前车牵引因故障暂时失去动力的后车。《实施条例》规定：

（1）被牵引的机动车除驾驶人外不得载人，不得拖带挂车；

（2）被牵引的机动车宽度不得大于牵引机动车的宽度；

（3）使用软连接牵引装置时，牵引车与被牵引车之间的距离应当大于 4m 小于 10m；

（4）对制动失效的被牵引车，应当使用硬连接牵引装置牵引；

（5）牵引车和被牵引车均应当开启危险报警闪光灯。

汽车吊车和轮式专用机械车不得牵引车辆。摩托车不得牵引车辆或者被其他车辆牵引。

转向或者照明、信号装置失效的故障机动车，应当使用专用清障车拖曳。

第五节　交通事故处理规定

《道路交通安全法》第一百一十九条对交通事故定义为："交通事故"，是指车辆在道路上因过错或者意外造成的人身伤亡或者财产损失的事件。"道路"，是指公路、城市道路和虽在单位管辖范围但允许社会机动车通行的地方，包括广场、公共停车场等用于公众通行的场所。"车辆"，是指机动车和非机动车。

一、交通事故的分类

交通事故通常划分为轻微事故、一般事故、重大事故和特大事故四类。

（1）轻微事故　指一次交通事故造成轻伤 1～2 人，或者财产损失机动车事故不足 1000 元，非机动车事故不足 200 元的事故。

（2）一般事故　指一次交通事故造成重伤 1～2 人，或者轻伤 3 人及 3 人以上，或者直接经济损失，机动车事故 1000 元以上，不足 3 万元的。

（3）重大事故　指一次交通事故造成死亡 1～2 人，或者重伤 3 人以上 10 人以下，或者直接经济损失折款 3 万元以上，不足 6 万元的事故。

（4）特大事故　指一次交通事故造成死亡 3 人及 3 人以上，或重伤 11 人以上，或死亡 1 人，同时重伤 8 人及 8 人以上，或死亡 2 人，同时重伤 5 人及 5 人以上，或者直接经济损失折款 6 万元以上的事故。

二、现场处理规定

《道路交通安全法》第七十条规定：在道路上发生交通事故，车辆驾驶人应当立即停车，保护现场；造成人身伤亡的，车辆驾驶人应当立即抢救受伤人员，并迅速报告执勤的交通警察或者公安机关交通管理部门。因抢救受伤人员变动现场的，应当标明位置。乘车人、过往车辆驾驶人、过往行人应当予以协助。

在道路上发生交通事故，未造成人身伤亡，当事人对事实及成因无争议的，可以即行撤离现场，恢复交通，自行协商处理损害赔偿事宜；不即行撤离现场的，应当迅速报告执勤的交通警察或者公安机关交通管理部门。

在道路上发生交通事故，仅造成轻微财产损失，并且基本事实清楚的，当事人应当先撤离现场再进行协商处理。

新交通事故处理程序规定：对应当自行撤离现场而未撤离的，交通警察应当责令当事人撤离现场；造成交通堵塞的，对驾驶人处以 200 元罚款；驾驶人有其他道路交通安全违法行为的，依法一并处罚。

三、责任划分

交通事故责任分为无责任、次要责任、同等责任、主要责任和全部责任五种。

1．次要责任

造成事故的各方，违反道路交通安全法规的情节次要者负次要责任。

2．同等责任

造成事故的各方，违反道路交通安全法规的情节相同，各方负同等责任。

3．主要责任

主要由一方违反道路交通安全法规，另一方或第三者也有某些违反道路交通安全法规行为所造成的事故，由主要违法者负主要责任，另一方或第三者负次要责任。

4．全部责任

完全因一方违反道路交通安全法造成的事故，由该违反道路交通安全法规行为人负全部责任，另一方或其他方无责任。

《实施条例》第九十二条规定：发生交通事故后当事人逃逸的，逃逸的当事人承担全部责任。但是，有证据证明对方当事人也有过错的，可以减轻责任。当事人故意破坏、伪造现场、毁灭证据的，承担全部责任。

对于交通肇事情节比较严重，构成交通肇事罪的，还要依法追究刑事责任。根据《最高人民法院最高人民检察院关于严格依法处理道路交通肇事案件的通知》，对于构成交通肇事罪，应负事故主要或全部责任的肇事者，要追究刑事责任。

《中华人民共和国刑法》一百三十三条规定：违反交通运输管理法规，因而发生重大事故，致人重伤、死亡或者使公私财产遭受重大损失的，处三年以下有期徒刑或者拘役；交通运输肇事后逃逸或者有其他特别恶劣情节的，处三年以上七年以下有期徒刑；因逃逸致人死亡的，处七年以上有期徒刑。

四、赔偿规定

《道路交通安全法》第七十六条规定：机动车发生交通事故造成人身伤亡、财产损失的，由保险公司在机动车第三者责任强制保险责任限额范围内予以赔偿；不足的部分，按照下列规定承担赔偿责任。

（1）机动车之间发生交通事故的，由有过错的一方承担赔偿责任；双方都有过错的，按照各自过错的比例分担责任。

（2）机动车与非机动车驾驶人、行人之间发生交通事故，非机动车驾驶人、行人没有过错的，由机动车一方承担赔偿责任；有证据证明非机动车驾驶人、行人有过错的，根据过错程度适当减轻机动车一方的赔偿责任；机动车一方没有过错的，承担不超过百分之十的赔偿责任。

（3）交通事故的损失是由非机动车驾驶人、行人故意碰撞机动车造成的，机动车一方不承担赔偿责任。

五、调解规定

《道路交通安全法》第七十四条规定：对交通事故损害赔偿的争议，当事人可以请求公安机关交通管理部门调解，也可以直接向人民法院提起民事诉讼。

经公安机关交通管理部门调解，当事人未达成协议或者调解书生效后不履行的，当事人可以向人民法院提起民事诉讼。

《实施条例》对交通事故调节作了具体规定。

《实施条例》第九十四条规定：当事人对交通事故损害赔偿有争议，各方当事人一致请求公安机关交通管理部门调解的，应当在收到交通事故认定书之日起10日内提出书面调解申请。

对交通事故致死的，调解从办理丧葬事宜结束之日起开始；对交通事故致伤的，调解从治疗终结或者定残之日起开始；对交通事故造成财产损失的，调解从确定损失之日起开始。

《实施条例》第九十五条规定：公安机关交通管理部门调解交通事故损害赔偿争议的期限为10日。调解达成协议的，公安机关交通管理部门应当制作调解书送交各方当事人，调解书经各方当事人共同签字后生效；调解未达成协议的，公安机关交通管理部门应当制作调解终结书送交各方当事人。

交通事故损害赔偿项目和标准依照有关法律的规定执行。

《实施条例》第九十六条规定：对交通事故损害赔偿的争议，当事人向人民法院提起民事诉讼的，公安机关交通管理部门不再受理调解申请。

公安机关交通管理部门调解期间，当事人向人民法院提起民事诉讼的，调解终止。

第六节　法律责任

《道路交通安全法》第八十七条规定：公安机关交通管理部门及其交通警察对道路交通安全违法行为，应当及时纠正。

公安机关交通管理部门及其交通警察应当依据事实和本法的有关规定对道路交通安全违法行为予以处罚。对于情节轻微，未影响道路通行的，指出违法行为，给予口头警告后放行。

一、交通安全违法行为的处罚种类

《道路交通安全法》第八十八条规定：对道路交通安全违法行为的处罚种类包括：警告、罚款、暂扣或者吊销机动车驾驶证、拘留。

1. 警告

交通警察对于当场发现的违法行为，认为情节轻微、未影响道路通行和安全的，口头告知违法行为的基本事实、依据，向违法行为人提出口头警告，纠正违法行为后放行。警告是处罚机关对道路交通违法行为人的告诫，这种行政处罚带有教育性质，又具有强制的性质。警告处罚的作用在于指出违法行为的危害，促使行为人认识违法错误，不致再犯。警告是一种较轻的行政处罚，它一般适用于初犯，同时违法行为必须具有情节比较轻微、后果极小的特征。

2. 罚款

罚款是一种行政处罚，具有强制性。它的执行必须依据法律、法规的规定，在法定程序和法律规定的具体处罚幅度内执行。对行人、乘车人、非机动车驾驶人处以罚款，交通警察当场收缴的，交通警察应当在简易程序处罚决定书上注明，由被处罚人签名确认。被处罚人拒绝签名的，交通警察应当在处罚决定书上注明。

3. 暂扣或者吊销机动车驾驶证

暂扣或者吊销机动车驾驶证是一种行政处罚。暂扣是在一段时间内取消机动车驾驶人驾驶机动车资格的处罚。吊销机动车驾驶证则是取消了机动车驾驶人驾驶机动车的资格。这一处罚可以单独适用，也可以与其他行政处罚合并适用。

4. 拘留

拘留是处罚机关对道路交通安全违法行为人短期强制限制人身自由的一种行政处罚。这是对违反道路交通安全法律、法规的行为人违法情节较严重、造成严重影响或者严重危害后果的一种处罚。

二、处罚规定

1.《道路交通安全法》第八十九条规定

行人、乘车人、非机动车驾驶人违反道路交通安全法律、法规关于道路通行规定的，处警告或者五元以上五十元以下罚款；非机动车驾驶人拒绝接受罚款处罚的，可以扣留其非机动车。

2.《道路交通安全法》第九十条规定

机动车驾驶人违反道路交通安全法律、法规关于道路通行规定的，处警告或者二十元以上二百元以下罚款。

具体违法行为及其对应的处罚标准可以参照《道路交通安全违法行为处罚标准》。

3.《道路交通安全法》第九十一条规定

饮酒后驾驶机动车的，处暂扣六个月机动车驾驶证，并处一千元以上二千元以下罚款。因饮酒后驾驶机动车被处罚，再次饮酒驾驶机动车的，处十日以下拘留，并处一千元以上二千元以下罚款，吊销机动车驾驶证。

醉酒驾驶机动车的，由公安机关交通管理部门约束至酒醒，吊销机动车驾驶证，依法追究刑事责任；五年内不得重新取得机动车驾驶证。

饮酒后驾驶营运机动车的，处十五日拘留，并处五千元罚款，吊销机动车驾驶证，五年内不得重新取得机动车驾驶证。

醉酒后驾驶营运机动车的，由公安机关交通管理部门约束至酒醒，吊销机动车驾驶证，依法追究刑事责任；十年内不得重新取得机动车驾驶证，重新取得机动车驾驶证后，不得驾驶营运机动车。

饮酒后或者醉酒驾驶机动车发生重大交通事故，构成犯罪的，依法追究刑事责任，并由公安机关交通管理部门吊销机动车驾驶证，终生不得重新取得机动车驾驶证。

4.《道路交通安全法》第九十二条对违反乘载规定的处罚

公路客运车辆载客超过额定乘员的，处二百元以上五百元以下罚款；超过额定乘员百分之二十或者违反规定载货的，处五百元以上二千元以下罚款。

货运机动车超过核定载质量的，处二百元以上五百元以下罚款；超过核定载质量百分之三十或者违反规定载客的，处五百元以上二千元以下罚款。

有前两款行为的，由公安机关交通管理部门扣留机动车至违法状态消除。

运输单位的车辆有本条第一款、第二款规定的情形，经处罚不改的，对直接负责的主管人员处二千元以上五千元以下罚款。

5.《道路交通安全法》第九十三条对违反停放、停车规定的处罚

对违反道路交通安全法律、法规关于机动车停放、临时停车规定的，可以指出违法行为，并予以口头警告，令其立即驶离。

机动车驾驶人不在现场或者虽在现场但拒绝立即驶离，妨碍其他车辆、行人通行的，处二十元以上二百元以下罚款，并可以将该机动车拖移至不妨碍交通的地点或者公安机关交通管理部门指定的地点停放。公安机关交通管理部门拖车不得向当事人收取费用，并应当及时告知当事人停放地点。

因采取不正确的方法拖车造成机动车损坏的，应当依法承担补偿责任。

6.《道路交通安全法》对机动车牌证使用的管理和处罚规定

（1）《道路交通安全法》第九十五条规定：上道路行驶的机动车未悬挂机动车号牌，未放置检验合格标志、保险标志，或者未随车携带行驶证、驾驶证的，公安机关交通管理部门应当扣留机动车，通知当事人提供相应的牌证、标志或者补办相应手续，并可以依照本法第九十条的规定予以处罚。当事人提供相应的牌证、标志或者补办相应手续的，应当及时退还机动车。

故意遮挡、污损或者不按规定安装机动车号牌的，依照本法第九十条的规定予以处罚。

（2）《道路交通安全法》第九十六条规定：伪造、变造或者使用伪造、变造的机动车登记证书、号牌、行驶证、驾驶证的，由公安机关交通管理部门予以收缴，扣留该机动车，处十五日以下拘留，并处二千元以上五千元以下罚款；构成犯罪的，依法追究刑事责任。

伪造、变造或者使用伪造、变造的检验合格标志、保险标志的，由公安机关交通管理部门予以收缴，扣留该机动车，处十日以下拘留，并处一千元以上三千元以下罚款；构成犯罪的，依法追究刑事责任。

使用其他车辆的机动车登记证书、号牌、行驶证、检验合格标志、保险标志的，由公安机关交通管理部门予以收缴，扣留该机动车，处二千元以上五千元以下罚款。

当事人提供相应的合法证明或者补办相应手续的，应当及时退还机动车。

7.《道路交通安全法》第九十七条规定

非法安装警报器、标志灯具的，由公安机关交通管理部门强制拆除，予以收缴，并处二百元以上二千元以下罚款。

8.《道路交通安全法》第九十八条对违反机动车保险规定的处罚

机动车所有人、管理人未按照国家规定投保机动车第三者责任强制保险的，由公安机关交通管理部门扣留车辆至依照规定投保后，并处依照规定投保最低责任限额应缴纳的保险费的二倍罚款。

依照前款缴纳的罚款全部纳入道路交通事故社会救助基金。具体办法由国务院规定。

9.《道路交通安全法》第九十九条规定

有下列行为之一的，由公安机关交通管理部门处二百元以上二千元以下罚款：

（1）未取得机动车驾驶证、机动车驾驶证被吊销或者机动车驾驶证被暂扣期间驾驶机动车的；

（2）将机动车交由未取得机动车驾驶证或者机动车驾驶证被吊销、暂扣的人驾驶的；

（3）造成交通事故后逃逸，尚不构成犯罪的；

（4）机动车行驶超过规定时速百分之五十的；

（5）强迫机动车驾驶人违反道路交通安全法律、法规和机动车安全驾驶要求驾驶机动车，造成交通事故，尚不构成犯罪的；

（6）违反交通管制的规定强行通行，不听劝阻的；

（7）故意损毁、移动、涂改交通设施，造成危害后果，尚不构成犯罪的；

（8）非法拦截、扣留机动车辆，不听劝阻，造成交通严重阻塞或者较大财产损失的。

行为人有前款第（2）项、第（4）项情形之一的，可以并处吊销机动车驾驶证；有第（1）项、第（3）项、第（5）项至第（8）项情形之一的，可以并处十五日以下拘留。

10. 《道路交通安全法》第一百条对驾驶拼装或报废机动车的处罚规定

驾驶拼装的机动车或者已达到报废标准的机动车上道路行驶的，公安机关交通管理部门应当予以收缴，强制报废。

对驾驶前款所列机动车上道路行驶的驾驶人，处二百元以上二千元以下罚款，并吊销机动车驾驶证。

出售已达到报废标准的机动车的，没收违法所得，处销售金额等额的罚款，对该机动车依照本条第（1）款的规定处理。

11. 《道路交通安全法》第一百零一条、第一百零二条对发生重大交通事故和造成交通事故后逃逸的处罚规定

违反道路交通安全法律、法规的规定，发生重大交通事故，构成犯罪的，依法追究刑事责任，并由公安机关交通管理部门吊销机动车驾驶证。

造成交通事故后逃逸的，由公安机关交通管理部门吊销机动车驾驶证，且终生不得重新取得机动车驾驶证。

对六个月内发生二次以上特大交通事故负有主要责任或者全部责任的专业运输单位，由公安机关交通管理部门责令消除安全隐患，未消除安全隐患的机动车，禁止上道路行驶。

三、处罚的执行

1. 警告和罚款处罚的执行

《道路交通安全法》对警告和罚款处罚的执行作了如下规定：

（1）对道路交通违法行为人予以警告、二百元以下罚款，交通警察可以当场作出行政处罚决定，并出具行政处罚决定书。

（2）行政处罚决定书应当载明当事人的违法事实、行政处罚的依据、处罚内容、时间、地点以及处罚机关名称，并由执法人员签名或者盖章。

（3）当事人应当自收到罚款的行政处罚决定书之日起十五日内，到指定的银行缴纳罚款。

（4）对行人、乘车人和非机动车驾驶人的罚款，当事人无异议的，可以当场予以收缴罚款。

（5）罚款应当开具省、自治区、直辖市财政部门统一制发的罚款收据；不出具财政部门统一制发的罚款收据的，当事人有权拒绝缴纳罚款。

（6）当事人逾期不履行行政处罚决定的，作出行政处罚决定的行政机关可以采取下列措施：

① 到期不缴纳罚款的，每日按罚款数额的百分之三加处罚款；

② 申请人民法院强制执行。

2．暂扣或者吊销机动车驾驶证处罚的执行

《道路交通安全法》对暂扣或者吊销机动车驾驶证处罚的执行作了如下规定：

（1）执行职务的交通警察认为应当对道路交通违法行为人给予暂扣或者吊销机动车驾驶证处罚的，可以先予扣留机动车驾驶证，并在二十四小时内将案件移交公安机关交通管理部门处理。

（2）道路交通违法行为人应当在十五日内到公安机关交通管理部门接受处理。无正当理由逾期未接受处理的，吊销机动车驾驶证。

（3）公安机关交通管理部门暂扣或者吊销机动车驾驶证的，应当出具行政处罚决定书。

（4）暂扣机动车驾驶证的期限从处罚决定生效之日起计算；处罚决定生效前先予扣留机动车驾驶证的，扣留一日折抵暂扣期限一日。

（5）吊销机动车驾驶证后重新申请领取机动车驾驶证的期限，按照机动车驾驶证管理规定办理。

3．拘留处罚的执行

《道路交通安全法》第一百一十一条规定：对违反本法规定予以拘留的行政处罚，由县、市公安局、公安分局或者相当于县一级的公安机关裁决。

4．扣留机动车、非机动车的处理

《道路交通安全法》第一百一十二条规定：

公安机关交通管理部门扣留机动车、非机动车，应当当场出具凭证，并告知当事人在规定期限内到公安机关交通管理部门接受处理。

公安机关交通管理部门对被扣留的车辆应当妥善保管，不得使用。

逾期不来接受处理，并且经公告三个月仍不来接受处理的，对扣留的车辆依法处理。

此外，《道路交通安全法》第一百一十四条还规定：公安机关交通管理部门根据交通技术监控记录资料，可以对违法的机动车所有人或者管理人依法予以处罚。对能够确定驾驶人的，可以依照本法的规定依法予以处罚。

第七节　伤员急救常识

交通事故发生后，现场急救是否得当，直接关系到伤员的生命安危。因此，每个驾驶员必须了解交通事故的急救知识，掌握必要的事故现场急救技巧，这样才能在紧急情况发生时做好现场救护工作，以便迅速及时地抢救伤员的生命。

一、现场急救的原则

交通事故的特点是"伤情复杂、严重、复合伤多"。因此，抢救一般应本着"先抢后救""先重后轻""先急后缓""先近后远"的顺序灵活进行。首先是采取止血、保持呼吸道通畅、抗休克等措施；其次是处理好内脏器官的损伤；再次是处理好骨折；最后是包扎处理一般伤口。

在救援人员没到事故现场之前，要第一时间组织自救。"自救原则"是车祸现场救护、抢救伤员生命的宝贵经验，尤其是对发生在偏僻地区的车祸更是重要。在车祸现场不能消极等待，要积极采取"自救、互救"措施，充分利用就便器材，以赢得救援时间。

抢救伤员时，应先救命，后治伤。遇重特大事故有众多伤员需送往医院时，处于昏迷状态的伤员应首先送往医院，颈椎受伤的伤员应最后送往医院。受伤者在车内无法自行下车时，应设法将其从车内移出，尽量避免二次受伤。遇伤者被压于车轮或货物下时，应设法移动车辆或搬掉货物，根据伤势采取相应的救护方法，切忌拉拽伤者的肢体。

二、现场急救的方法

在急救过程中，不同情况的处理方法如下。

（1）昏迷失去知觉的伤者不会讲话，抢救前应检查伤者呼吸。搬运昏迷或有窒息危险的伤员时，应采用侧卧的方式。

（2）受伤者失血过多，将会出现生命危险，如出现休克等症状。抢救或处理失血伤员的措施首先是通过外部压力，使伤口的流血止住，然后系上绷带。救助失血过多、出现休克的伤员时，应采取保暖措施，防止热损耗。

（3）救助全身燃烧的伤员，应采取迅速扑灭衣服上的火焰，向全身燃烧的伤员身上喷冷水，脱掉烧着的衣服，用消过毒的绷带包扎伤口等措施。用沙土覆盖会造成伤口感染，甚至危及生命。烧伤伤员口渴时，可喝少量的淡盐水。

（4）救助有害气体中毒伤员，应迅速将伤员移到有新鲜空气的地方，以防止继续中毒。

（5）骨折的处理方法：

① 为防止骨折伤员休克，不要移动伤员身体的骨折部位，对无骨端外露骨折伤员的肢体用夹板或木棍、树枝等固定时，应超过伤口上、下关节；

② 伤员大腿、小腿和脊椎骨折时，一般应就地固定，不要随便移动伤者；关节损伤（扭伤，脱臼，骨折）的伤员，应避免活动；

③ 伤员骨折处出血时，应先止血和消毒并包扎伤口，然后再固定，伤员四肢骨折有骨外露时，不要还纳，可用敷料包扎。

（6）伤员脊柱可能受损时，不要改变伤员姿势。固定伤处时力求稳妥牢固，要固定骨折处的两端和上下两个关节。伤员骨折固定后，上肢为屈肘位，下肢呈伸直位。

三、事故现场伤员的运送

交通事故发生后，运送伤员是重要措施，一般是先进行现场抢救，再运送附近医院。

1. 现场搬运

其主要任务是使伤员迅速脱离出事地点，转移到安全和便于救治的地方，以进行及时的救治。现场搬运的方法如下。

（1）单人背、抱搬运法是采用的主要方法之一。背伤员时，应将其上肢放在搬运者的胸前，搬运者背负伤员胸腹，并用两手托伤员两大腿。抱伤员时，搬运者一手抱扶伤员腰部，另一手托扶伤员大腿中部。

（2）双手搬运法比较常用，有坐椅式与抬式搬运法，可用于一般伤员，但不宜用于脊柱损伤的伤员等。

（3）救治伤员时，应了解受伤部位，以便搬运时保持伤员合适的体位，避免加重伤情或发生意外。

① 颅脑伤伤员宜采用半卧位或侧卧位，保持其呼吸道通畅，妥善保护暴露的脑组织，防止或减少振动，可用衣物将患者头部垫好。

② 胸部伤伤员有呼吸困难时宜采用半卧位。

③ 腹部开放性损伤伤员，搬运时，患者应仰卧，下肢屈曲，然后用担架或木板抬送。

④ 脊柱损伤伤员在搬运时，要注意保护脊髓，以免受损伤或加重损伤。禁止采用一人抱胸、另一人抬腿的双人搬抬法，因为这种体位搬运，会加重脊柱压缩和使脊髓受压。正确方法是由数人共同进行，使伤员身体平直，用均衡协调的力量抬起或滚动，采用俯卧位放置在木板或担架上。如果采用仰卧位，宜用小枕或衣服垫于脊椎骨折部位，然后抬送。如为颈部损伤，应稳定头部，适当牵引，数人协调将患者滚动仰卧至木板或担架上，颈下垫小枕，头部两侧用软物固定，避免头部摇动。

⑤ 骨盆部损伤伤员可采用仰卧位放置在木板或担架上，髋、膝部屈曲，膝下可垫软物，以保护体位。

2．转运伤员

重伤员经现场抢救后，应迅速送医院治疗。

（1）木板或担架抬运法：适用于一般伤情、损伤情况严重等情况，呼吸困难者不太适用。

（2）背、抱转送法：较适用于伤员体重轻等，路短易于完成的情况，需要时可轮流背、抱。转送路程远则不适用。

（3）推车、三轮车、拖拉机、汽车转运，适用于道路较平坦的地区。

（4）各种船只转运，适用于水网地区。

（5）伤员转运最好用救护车实施。

3．转送时注意事项

（1）注意观察伤情，特别是脉搏、呼吸、神志等，开放性伤口应注意出血量，必要时需重新包扎处理。

（2）注意保持伤员的特定体位。

（3）颈、胸部有伤情，应维持伤员呼吸道通畅。

（4）注意观察经过固定的肢体，定时检查末梢循环，如出现循环障碍，应及时处理。

（5）腹部损伤、昏迷、呕吐及估计需要尽快手术的伤员，应禁饮食，一般伤员可适量饮水。

📑 本章小结 ▶▶

本章主要介绍了现行的道路交通安全法律、法规，交通信号及其含义，与道路交通相关的各种规定，交通事故伤员急救知识等。重点介绍了《中华人民共和国道路交通安全法》和《中华人民共和国道路交通安全法实施条例》的有关内容。通过本章的学习，学生应对道路交通安全常识全面了解、掌握，为申办机动车驾驶证和驾驶汽车上路打下基础。

🧠 思考题 ▶▶

1. 办理机动车注册登记手续需要提交哪些证明和凭证？

2. 《道路交通安全法》对驾驶人的具体规定有哪些？

3. 《道路交通安全法》对交通事故的现场处理做了哪些规定？

4. 对交通事故现场的伤员进行急救应把握哪些原则？

5. 近年来，我国的道路交通安全法律、法规修订的频率较高，这主要是针对我国快速发展的国民经济所带来的道路交通安全领域不断出现的新问题、新情况所做出的有针对性的反应。问：随着我国经济的发展，道路交通安全领域所面临的新问题、新情况有哪些？

第五章

汽车驾驶基本操作技术

学习目标

1. 掌握汽车操纵机构与仪表的使用方法。
2. 掌握汽车基础驾驶方法。
3. 掌握汽车场内道路驾驶方法。
4. 了解汽车场地驾驶技术。

汽车驾驶基本操作技术包括汽车场内道路和场地驾驶，是汽车驾驶的基本功。驾驶人必须熟练掌握汽车驾驶方法，以满足特定场合的车辆驾驶需要。

第一节　汽车操纵机构与仪表

一、汽车操纵机构

1. 汽车操纵机构的识别

汽车机件很多，其中与驾驶操作有关的机件主要有以下几种。

（1）外部机件　汽车外部机件主要有发动机盖、行李舱盖、车门、挡风玻璃、刮水器、车灯、号牌、保险杠及车轮等，如图5-1和图5-2所示。

（2）内部机件　汽车驾驶室内主要有操纵机件、操作控制台、座椅及安全带等。其中，操纵机件主要有转向盘、离合器踏板、制动踏板、加速踏板、变速杆、驻车制动器操纵杆及各种开关等，如图5-3所示；操作控制台上除了有各种开关外，主要有仪表及警告灯、指示灯等，如图5-4和图5-5所示。

2. 汽车操纵机件的功用及使用方法

（1）转向盘　转向盘的功用是操纵汽车行驶方向。

图5-1　汽车外部（前）

1—后视镜；2—前挡风玻璃；3—刮水器；4—前照灯；5—前号牌；

6—前保险杠；7—转向灯；8—车轮；9—车门；10—加油口盖

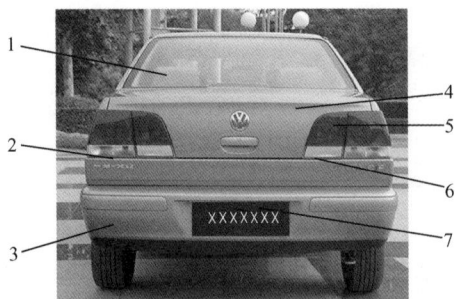

图5-2　汽车外部（后）

1—后挡风玻璃；2—转向灯；3—后保险杠；

4—行李舱盖；5—制动灯、尾灯；

6—倒车灯；7—后号牌

图5-3　操纵装置

1—离合器踏板；2—制动踏板；3—加速踏板；

4—转向盘；5—变速杆

图5-4　操作控制台

1—出风口；2—灯光开关；3—转向盘；4—音响喇叭；5—发动机舱盖开关；6—调温旋钮；

7—风扇挡位旋钮；8—风向旋钮；9—CD和收音机；10—储物盒；

11—杯架；12—除霜开关；13—危险警告灯开关

图5-5 组合仪表

1—转速表；2—电瓶报警灯；3—转向指示灯；4—速度表；
5—驻车制动指示灯；6—燃油表；7—燃油报警灯；8—里程表；9—水温表

大型车辆转向盘的握法：两手分别握稳转向盘左、右两侧边缘，四指由外往内握，拇指在内沿自然伸直靠住盘缘，左手握在时钟9～10时的位置，右手握在时钟3～4时位置。

小型车辆转向盘采用9时15分或10时10分的握法。这样当右手操纵其他机件时，左手仍能自如地进行左或右转向。

操作转向盘的方法主要有推拉法、传递法和交叉法三种。

① 推拉法适用于直线行驶时的方向修正。操作时以左手为主，右手为辅，少打少回，保证直线行驶。

② 传递法适用于一般缓弯。操作时先拉动后回送，右转弯时右手下拉到转向盘下方，左手同时适当下滑至适当位置接替右手向上推动，回方向时动作相反；左转弯时左手下拉到转向盘下方，右手同时适当下滑至适当位置接替左手向上推动，回方向时动作相反。

③ 交叉法用于急转弯或掉头等。以左转弯为例，右手推左手拉，两手交叉时左手松开转向盘，移到右上方接转向盘下拉，右手在下方翻手，继续上推。回方向按相反方向进行。

（2）离合器踏板 离合器踏板的功用是操纵离合器的分离与结合，以控制发动机与传动系动力的接合与分离，便于发动机启动、车辆起步、换挡及停车。

离合器踏板的操作方法：左脚踩在离合器踏板上，以膝关节和踝关节的伸屈做踩下或放松动作。踩离合器踏板要求：脚踩下后不得将脚跟部靠在驾驶室底板上，以提高驾驶各类车型时的适应能力；不要长时间使用半联动，这样既增加劳动强度，又加速了离合器片的磨损。

（3）加速踏板 加速踏板的功用是控制节气门的开度或柴油机喷油泵柱塞的有效行程，从而改变发动机的转速和输出功率，以适应运行条件变化的需要。正确地运用加速踏板，可以获得良好的节油效果，并能减少机件的磨损。

加速踏板的操作方法：将右脚跟放在驾驶室底板上作为支点，脚掌轻踩在加速踏板上，用踝关节伸屈动作踩下或放松踏板。

（4）制动踏板 制动踏板是行车制动器的操纵装置，用于汽车减速和停车。

制动器一般分为气压制动器和液压制动器，其操作方法分别如下。

① 气压制动器的操作方法：操作制动踏板时，应握稳转向盘，将腰紧靠在座位的后背，右脚的跟部靠在驾驶室的底板上，作为活动的支承点，以踝关节的伸屈为主，踩下和放松制动踏板。

② 液压制动器的操作方法：右脚掌平放在踏板上，脚跟离开地板，以膝关节的伸屈踏下或抬起踏板。根据不同情况，使用不同的速度和力量进行制动。除在紧急情况下，一般制动时，都应采用先轻后重再稍回的方法。

（5）驻车制动器操纵杆　驻车制动器操纵杆是驻车制动器的操纵装置，供驻车时制动使用，以免汽车溜动。

货车和大客车上使用的驻车制动器一般是弹簧储能断气制动器，它的操纵手柄实际上是一个排气阀，驻车制动器必须在气压达到设定压力时才可以压缩储能弹簧解除制动，有利于行车安全，操纵轻便。

轻型车和轿车用驻车制动器又分手动和脚踏两种，手动式驻车制动器分按钮式和齿扣式两种，其操作方法分别如下。

① 按钮式驻车制动器操纵杆的操作方法：制动时，将杆体向后拉紧即可；解除制动时，先将杆体向后拉，同时将杆体上的锁止按钮按下，再将杆体向前推送到底。

② 齿扣式驻车制动器操纵杆的操作方法：制动时，握住手柄用力向后拉紧即可；解除制动时，先将手柄向右转 90°，然后将手柄和拉杆向前推送到底。

脚踏式驻车制动器在美国车上使用较多，一般位于驾驶位的左脚边。踩下一次即是驻车，再次踩下便弹起，解除驻车。

此外，很多高档轿车上采用了电子驻车装置，操纵方式是按钮式，如奥迪 A6L 等。

（6）手动变速器操纵杆（手动变速杆）　不同车型的变速器挡位分布略有不同，常见车型的变速器挡位分布基本一样。有些四轮驱动车型和装用副变速器的大型车辆操作比较复杂。

变速器操纵杆的握法：手掌心轻贴住球头，五指向下握住球头和部分杆身。

（7）自动变速器操纵手柄　如图 5-6 所示，自动变速器操纵手柄的结构有很多种，其挡位设置也不尽相同。各挡位的名称及使用时机如下。

图5-6　自动变速器操纵手柄

① P 挡位的操作方法：汽车停稳后，按下操纵手柄上的锁止按钮，再将操纵手柄由其他挡位移入 P 挡位。由 P 挡位移入其他挡位时，必须先踩制动踏板，再按下锁止按钮即可移入其他挡位。

② R 挡位的操作方法：必须将汽车停稳后，发动机怠速时，踩住制动踏板，才可以将操纵手柄移入 R 挡位。

③ N 挡位的操作方法：在汽车静止或车速低于 5km/h 时，踩下制动踏板，才能将操纵手柄移入 N 挡位。

④ D 挡位的操作方法：车辆正常行驶起步前踩住制动

踏板即可将操纵手柄移入 D 挡位。

⑤ S 挡位的操作方法：在车辆爬长坡时，将操纵手柄移入 S 挡位。

⑥ L 挡位的操作方法：在车辆大负荷、上下陡坡时，将操纵手柄移入 L 挡位。

二、开关、仪表、报警灯和指示灯

1. 开关

（1）点火开关 点火开关，也称钥匙门、启动开关，主要作用是接通或切断点火系统及电气设备电源、接通部分电气设备电源、启动发动机、锁止转向盘等。图 5-7 所示为普通轿车的点火开关，不同位置的含义是：LOCK 挡是锁止转向盘及插拔钥匙的位置；ACC 挡是部分用电器接通位置（如音响及娱乐装置）；ON 挡是全车用电器通电位置；START 挡是启动位置，带有自动回位功能。不同车型的点火开关位置设置略有差别，但是基本功能都是一样的。

（2）车灯总开关 车灯总开关用来开闭汽车的照明用灯，其结构式样有拉钮式、旋转式和按键式等。拉钮式开关一般为三个挡，将拉钮推到底，远、近灯关闭；拉出 1 挡，仪表照明灯、示宽灯、近光灯、牌照灯亮；拉出 2 挡，前照灯、仪表灯、示宽灯、牌照灯亮。旋转式开关一般设有关闭、夜行照明、大灯照明，其中大灯照明的远近光切换一般与转向灯开关组合在一起。按键式开关一般也有三个挡，分别为关闭、夜行照明、大灯照明，大灯照明的远近光切换一般与转向灯开关组合在一起。图 5-8 所示为与转向灯开关一体的灯光组合开关，现在轿车上普遍应用，其特点是功能齐全、操作方便。

图5-7 点火开关

图5-8 车灯组合开关

（3）转向灯开关 转向灯开关用以接通或切断汽车左侧或右侧转向灯和转向指示灯。当汽车转弯时，按转弯方向拨动转向灯开关，车头、车尾及仪表板上的转向指示灯有规律地断续闪光，使其他人员知道此车将改变行驶方向。转向灯开关有三个挡，中间为关闭位置，两侧为开启位置。如图 5-8 所示。

（4）变光开关 变光开关用于变换前照灯的远光和近光，以适应夜间行车时不同道路情况的照明和超会车的需要。常见的变光开关有脚踏式和手控式两种，一般脚踏式设置在离合器踏板的左下方，手控式设置在转向盘下侧转向管柱上。当车灯总开关打开到大灯照明位置时，循环打开变光开关可使前照灯远近光交替变化。如图 5-8 所示，变光开关与车灯总开关组合在一起，向里（转向盘侧）扳动开关手柄，则进行远近光变换。

图5-9 刮水器及风窗洗涤开关

（5）刮水器及风窗洗涤开关 刮水器及风窗洗涤开关用于控制刮水器开动和停止，该开关有手柄式和拉钮式两种。轿车上普遍使用手柄式开关，如图5-9所示。一般有五个挡：关闭位置、间歇挡、低速挡、高速挡以及单次刮水（MIST）挡。向里（转向盘侧）扳动开关则打开风窗洗涤装置，松开手开关可自动回位。

（6）喇叭按钮 按下喇叭按钮汽车喇叭发出声响，提醒和警告行人及车辆注意避让。喇叭按钮有电喇叭按钮和气喇叭按钮之分。前者一般安装在转向盘的中央或两侧，后者大多安装在驾驶室控制台上。

2. 仪表

常见的汽车仪表有速度表、里程表、发动机转速表、电流表、燃油表、水温表、机油压力表、空气压力表等。

3. 报警灯

主要有 ABS 报警灯、安全带报警灯、气囊报警灯、机油压力报警灯、发动机报警灯、燃油报警灯等。

4. 指示灯

主要有车门未关指示灯、驻车制动指示灯、转向指示灯、远光指示灯等。

国际标准对仪表板上的操纵机件、指示器及信号装置上标志的图形及颜色做了统一规定。仪表板上各种标志及含义见表5-1。

表5-1 仪表板上各种标志及含义

ABS报警灯	安全带报警灯	电瓶报警灯	燃油报警灯	机油压力报警灯	车门未关指示灯
气囊报警灯	驻车制动指示灯	发动机报警灯	转向指示灯	水温指示灯	远光指示灯
前风窗刮水器及洗涤器	前后雾灯指示灯	位置灯（示廓灯）	空气内循环指示灯	超速挡开关指示灯	TCS指示灯

<h1 style="text-align:center">第二节　汽车基础驾驶</h1>

一、驾驶前的准备

汽车驾驶员在驾驶车辆时要保持正确的驾驶姿势，同时要根据自身的特点调整好与安全驾驶相关的各种装置，这不仅便于驾驶和操作，而且能够减轻驾驶疲劳。

1．身体姿势

驾驶人驾车时，保持正确的坐姿，对安全驾驶和减轻驾驶疲劳有很大的作用。正确的身体姿势一般如下：身体对正转向盘坐稳，头部端正，颈部肌肉自然放松；两眼向前平视，看远顾近，注意两旁，视线形成扇形；两手分别握住转向盘边缘的左上方和右下方；右脚以脚跟为支点，脚掌轻放在加速踏板上，左脚放在离合器踏板下方。

2．座位调整

合适的座位是保持正确驾驶姿势的前提，当座位不合适时，应及时进行调整。不同车型的座椅调整方法不同，但一般能对座椅进行前后和上下调整，对座椅靠背进行前后调整，对座椅头枕进行上下调整。有些高档车型还可对座椅进行6个方向或8个方向的调整。调整方法有手动调整和电动调整两种。座位调整好后，应保证驾驶员两脚能将刹车和离合器踏板踩到底，收放自如；两手能够方便操纵各种操纵机构和仪表板按钮。

3．后视镜调整

座位调整好后，还要对车内外后视镜进行调整。左右车外后视镜要调整到驾驶员能准确方便地观察到车外后部的情况，尽可能减小盲区，一般调整到驾驶员能够看到后视镜中的景象1/4为车身、1/2为地面比较合适。车内后视镜要调整到驾驶员能看到整个后挡风玻璃中的景象，调整时注意不要碰到镜面。车外后视镜的调整有手动调整和电动调整两种，车内后视镜为手动调整。

现在很多汽车的转向盘也可以进行上下和前后的调整。在上述调整结束后，驾驶员可以根据自身特点和驾驶习惯对转向盘进行调整。

二、启动发动机

1．操作程序

汽油发动机的启动程序为：

（1）检查驻车制动器操纵杆是否拉紧；

（2）踩下离合器踏板；

（3）将变速杆放入空挡位置；

（4）将点火开关钥匙顺时针转动至第一挡，接通点火开关；

（5）将点火开关钥匙顺时针转动至第2挡，启动发动机；

（6）发动机启动后，放松离合器踏板。

对于柴油发动机，装有预热装置的可根据环境温度情况进行适当的预热，并适当踏下加速踏板，然后启动。

2. 注意事项

（1）启动发动机时，每次不应该超过5s，再次启动的时间间隔不应少于15s。

（2）现在车用汽油发动机都是电控发动机，其启动时的喷油量由电脑控制，也没有阻风门，所以不必拉阻风门，也不必踩加速踏板。

（3）低温启动，若蓄电池电力不足，不要勉强使用启动机，应使用专用启动电源；对于柴油发动机要进行预热。

（4）发动机启动后，对于大型车辆应该怠速升温，待发动机运转正常，温度在50℃以上时，方可挂低速挡起步；对于小型车辆，可直接起步用低速挡行驶，但发动机转速不能过高。

（5）自动挡车辆启动时应将变速器操纵手柄置于P挡或N挡位置，自动挡车辆没有离合器踏板，但是启动时应踩下制动踏板。

三、起步

1. 操作程序

汽车起步操作程序如下：

（1）踩下离合器踏板；

（2）将变速杆挂入适当挡位（D挡、1挡或2挡）；

（3）拨亮左转向指示灯；

（4）按喇叭鸣示；

（5）放松驻车制动器操纵杆；

（6）抬起离合器踏板，同时适度踩下加速踏板；

（7）汽车汇入车流行驶后，关闭转向指示灯。

2. 注意事项

（1）起步前要检查乘客是否坐稳，所有车门是否关好，安全带是否系好。

（2）起步前要环视车辆四周，检查有无人员或其他物品，尤其要注意附近有无儿童，确认安全后起步。

（3）起步要使用低速挡。一般在平坦、坚实的道路或场地上，空车应选用1挡或2挡起步，重车或拖带挂车应选用一挡起步。

（4）起步要平稳。放松离合器踏板开始动作要快些，当听到发动机声音有所下降，车身稍有抖动时，将离合器踏板在这个位置上稍微停一下，同时慢慢踩下加速踏板，使汽车平稳起步。

（5）正确操纵离合器踏板和加速踏板。如离合器踏板放松过快或加速踏板踩下的程度不够，都会造成发动机熄火。若离合器踏板放松过慢，会使离合器摩擦片磨损。加速踏板踩下过猛，会引起汽车前冲，还会使汽车传动系受损。

（6）自动挡汽车起步时，应踩下制动踏板然后挂 D 挡，慢松制动踏板，视情况加油。

四、换挡

由于汽车在行驶中道路交通情况不断发生变化，为适应不同的行驶条件，汽车的速度和挡位必须匹配，汽车性能才能有效发挥。变速器挡位可分为前进挡和倒挡，一般轿车和轻型车前进挡有 4～6 个，倒挡有 1 个；大型货车和工程车一般装有副变速器，前进挡可达到 10～12 个，倒挡有 2 个。不同车型的挡位布置略有不同，一般在换挡手柄上都有挡位图示。汽车换挡操作应及时根据车速变化进行适时的加挡或减挡。

1．加挡操作

加挡是指由低速挡换入高速挡。当踩下加速踏板感到速度明显提高，已达到高一级挡位的速度范围，就应及时加挡。汽车加挡的操作方法如下：

（1）逐渐踩下加速踏板，提高车速；

（2）踩下离合器踏板，同时抬起加速踏板，将变速杆移入高一级挡位；

（3）缓抬离合器踏板，同时逐渐踩下加速踏板。

2．减挡操作

减挡是指由高速挡换入低速挡。当感到车速下降、发动机声音变得沉闷，车体出现抖动，表明该挡已经动力不足，要及时减到低挡行驶以提高输出动力。汽车减挡的操作方法如下：

（1）抬起加速踏板，同时迅速踩下离合器踏板，根据车速情况将变速杆移入合适的低挡位；

（2）缓抬离合器踏板，同时踩下加速踏板，以低速行驶。

3．换挡注意事项

（1）加挡应逐级变换，不得越级增挡，防止汽车动力不连续；而减挡时则可以根据车速情况越级减挡。

（2）换挡时不要低头看变速杆的挡位，不要在变速杆移入空挡后来回摇晃，不要在右手换挡时左手用力向下拉转向盘。

（3）操纵加速踏板、离合器踏板、变速杆三者的动作应密切配合，以免发生齿轮撞击响声。

（4）在换挡过程中，加速踏板和离合器踏板配合要密切，离合器踏板松抬得太慢可能会引起发动机高速空转，引起噪声，对发动机也有损害。

（5）在减挡过程中，如果减挡速度过快，会引起车辆顿挫；加挡过程中，加挡过早，会引起发动机抖动，甚至熄火。

五、转向

汽车在行驶中，因道路交通情况的变化，需要经常改变行驶方向，转向时驾驶人要仔细观察道路交通情况，正确操纵转向盘，做到转向时机准确，速度控制适宜，实现平稳转向。

图5-10 内轮差

汽车转向操作注意事项如下。

（1）注意内轮差。汽车转弯时，前后轮的行驶轨迹不在一条线上，内侧前后轮转弯半径的差值称为内轮差，如图5-10所示。由于内轮差等因素的影响，使车辆转弯时，所占道路宽度大于直线行驶所占道路宽度，所以转弯时要注意内侧车辆和行人的安全。

（2）要控制车速。由于汽车转弯时受到离心力的作用，而离心力的大小与车速的平方成正比，即车速增加时，离心力按车速增加倍数的平方增加，所以转弯时要降低车速，以防止发生侧翻事故。车速的具体掌握是：进入弯道前减速、弯道中匀速、将出弯道时加速。

（3）正确操纵转向盘。转弯时，应根据转弯半径和车速，平稳操纵转向盘，尽量避免急打转向盘。

（4）在视线不良的弯道上转弯时要做到减速、鸣喇叭、靠右行。

（5）在进入弯道前完成制动和减挡操作，转弯过程中要尽量避免换挡和使用紧急制动。

六、倒车

1. 操作方法

（1）倒车前应观察好车后及周围的情况，选择好倒车路线和停靠地点，确认安全后方可倒车。

（2）倒车一般是从后车窗观察后方情况，从车外后视镜观察两侧情况。在特殊的情况下，也可以将头伸出车外向后观察情况。左手握住转向盘上部，身体向右后转，右手扶住右侧座椅靠背上端，眼睛由后车窗观察车后情况，对准停靠地点的可视目标倒车。车后看不到的地方可利用左右车外后视镜观察。

（3）倒车时，先挂入倒挡，起步要缓慢，利用离合器半联动控制好车速，稳住加速踏板，正确操纵转向盘，直线倒车如车尾向左偏斜，应将转向盘向右少量回转，车尾向右偏斜，应将转向盘向左少量回转，等车接近正直时，便及时修正方向，切不可猛打猛回。

2. 注意事项

（1）倒车前，必须了解道路情况，确定倒车目标和路线，在确保安全的情况下进行倒车。

（2）倒车时，车速必须均匀，不宜过快，不可忽快忽慢，要防止倒车熄火或因倒车过猛而向后急冲，以免造成事故。

（3）倒车时应尽量不影响其他车辆通行，如遇来车，应主动停让。附近有人或其他障碍时要小心，尤其对儿童更应提高警惕，提前鸣喇叭，以防造成伤人事故。

七、掉头

1. 操作方法

（1）一次前进掉头　一次前进掉头适用于路面较宽的路段和十字路口路段。其操作方法是：减慢车速，汽车靠道路右侧行驶，开左转向灯，观察道路前后车辆、行人动态，挂入低速挡，按喇叭，然后迅速向左转动转向盘，一次前进完成掉头操作。

（2）二进一退掉头　二进一退掉头是在路面较窄的路段，需要进行两次前进和一次后退才能完成的掉头操作。操作方法如下。

第一次前进：打开左转向灯，挂一挡起步，立即将转向盘向左转到底，使汽车驶向左侧，当左前轮快接近左侧边线约 1m 时，踩下离合器踏板，迅速向右回转转向盘，随即停车摘挡。

第一次后退：应先从左侧门窗观察后退路线及车位情况，然后挂倒挡。在刚起步时，迅速向右转足转向盘，使车尾向右拐。当右后轮接近右边线约 1m，踩下离合器踏板，迅速向左回转转向盘，随即停车摘挡。

第二次前进：挂低速挡起步，起步后应迅速向左转动转向盘，转动量应以右前轮不压右边线，汽车能驶出为准。待汽车驶出靠边正直停车后，关闭左转向灯。

（3）三进二退掉头　三进二退掉头是在路面很窄的路段，需要进行三次前进和二次后退才能完成的掉头操作，其操作方法除多一次前进和后退外，与二进一退掉头基本相同。

2. 注意事项

（1）选择适宜路段掉头，严禁在桥梁、隧道、涵洞、铁路道口以及设有禁止掉头标志的路段掉头，以防止堵塞道路，影响交通。

（2）汽车掉头时由于各车轮与路边距离不相等，在判断时，以先接近路边的车轮为准。

（3）注意掉头路段两侧的障碍物，以防碰撞。

（4）雨天、雪天在公路掉头时，车轮不要过于靠路边，以防侧滑或路基松软使车轮陷落。

（5）在危险路段或倾斜路面上掉头，不论前进或后退，均需在汽车停稳后，拉紧驻车制动器操纵杆，并将车头对向危险方向，以利于观察。

八、停车

1. 操作方法

汽车停车操作程序如下：

（1）放松加速踏板，打开右转向灯，右脚放到制动踏板上，观察前方和后方道路交通情况确认安全，逐渐制动减速，将汽车驶向道路右侧；

（2）当车速降至 10km/h 后，踩下离合器踏板，同时轻踩制动踏板，使汽车平稳正直地停在预定地点；

（3）汽车停稳后，拉紧驻车制动器操纵杆，将变速杆移入空挡位置，放松离合器踏板和制动踏板，关闭点火开关。

2．注意事项

（1）不准在交通法规禁止的地方停车；

（2）汽车熄火后要检查各种仪表有没有异常，各种用电器开关是否关闭，避免不受钥匙门控制的用电器继续工作放电；

（3）汽车熄火后，有电源总开关的车辆必须关闭电源总开关，以防止蓄电池放电或发生火灾事故。

九、车辆行驶位置和路线

驾驶人驾驶车辆在路上行驶，要保持正确的行驶位置和行驶路线。对于初学驾驶者，必须掌握如何保持正确的行驶位置和行驶路线。

1．观察点和视野

选择正确的观察点，有助于收集行驶中必要的信息，便于驾驶人提前确定行驶方向和行驶位置。因此，行驶中应在尽量看清前方远处的同时，随时观察车辆周围的情况。

2．直线行驶

行驶中尽量目视远方道路情况，感觉偏离了行驶路线，应该及时调整转向盘进行修正。驾驶车辆时只看近处，能看到的前方范围很小，不容易发现行驶偏差，只有当产生较大偏差时才能发现。车辆应选择在行车道中央行驶，行驶中不得紧靠路边或中心线，以免影响其他车辆正常行驶。

3．弯道行驶

转弯时，占道宽度增加（转弯时，后轮比前轮通过的位置靠向内侧），车型越大，前后轮轨迹相差就越多，所以转弯时一定要注意弯道内侧的后轮。进入弯道之前，首先应看清楚弯道的状况，再确定行驶路线。进入弯道前，应提前减速行驶，根据曲线的弯度及时转动转向盘，动作要准确柔和，以保证车辆行驶稳定。行驶在平缓的弯道上，可双手握住转向盘不倒手进行转向，通过急弯，需要双手交替操作转向盘。

4．车体位置感觉方法

刚接触车辆，不容易准确感知车体的准确位置，如车的宽度、长度以及与周围物体的距离等。初学驾驶者可以利用标杆来感觉车身的大小和路面的宽度，标杆可以设置在车的四个角。现代轿车头尾都很低，坐在驾驶室内一般看不到车体前后的边缘，因此要练习掌握车体的位置，形成良好的位置感。

第三节　汽车场地与场内道路驾驶

一、倒车入库

1. 场地设置

场地设置如图 5-11 所示。W（库宽）：车身宽（不含车外后视镜）加 60cm；L（库位长）：车身长加 70cm；S（车道宽）：车身宽的 1.5 倍；H（车库距控制线）：车身长的 1.5 倍。

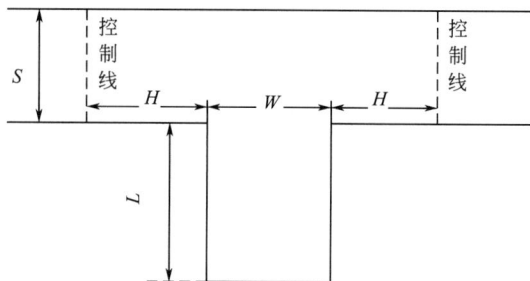

图5-11　小型车倒车入库场地尺寸图

2. 操作方法及要求

车辆停在右侧控制线内（车头朝向控制线），启动车辆，挂倒挡，将车倒入库内并停正；挂前进挡，将车开到左侧控制线，停稳；挂倒挡，将车倒入库内并停正；挂前进挡将车开到起始点，停稳，考试结束。

不按规定路线、顺序行驶的，不合格；车身出线、倒库不入，不合格；在倒车前，未将两个前轮触地点均驶过控制线，超过 210 秒未完成倒车入库，不合格；中途停车超过 2 秒，每次扣 5 分。

3. 注意事项

（1）必须按规定路线顺序行驶；

（2）行驶中，车身任何部位不得出线；

（3）车辆入库应到位；

（4）不得出现发动机熄火现象。

二、通过连续障碍

1. 场地设置

场内道路的障碍物为圆饼，如图 5-12 所示。圆饼直径为 0.7m，饼高小于车辆最小离地间隙，通常小型车辆为 6cm，其他车辆为 10cm。

通过连续障碍的场地设置如图 5-13 所示。在宽度为 7m 的道路上共设置 6（3）块圆饼，B、C、D、E 圆饼中点偏离路中心线 1m；圆饼间距为相邻两块圆饼中心点投影在路中心线

图5-12　圆饼图形

上之间的距离；大型客车、大型货车考核的圆饼间距为 2 倍车辆最前轮轴至最后轮轴轴距，小型车辆为 2.5 倍的车辆轴距。牵引车考试只设 A、B、C 三饼，圆饼间距为 1.5 倍轴距，轴距是牵引车前轴至挂车最后轴的轴距。

图5-13　通过连续障碍的场地设置

2．操作要求

通过连续障碍要求除小型车辆用一挡外，其他车型用二挡（含）以上挡位，将车骑于圆饼之上通过，车轮轨迹不得碰、擦、压圆饼，并且不得超、压两侧路边缘线。

3．操作方法

（1）在行进骑越第一个圆饼时，提前修正方向，使两前轮对准圆饼，并使偏向第二个圆饼一侧的车轮尽量靠近第一个圆饼。

（2）当汽车前轮越过圆饼后，马上向第二个圆饼方向偏转转向盘。当车身对正第二个圆饼时回正转向盘，并使偏向第三个圆饼一侧的车轮尽量靠近第二个圆饼。

（3）按照以上方法通过第三至第六个圆饼，通过圆饼后，迅速回到正常行驶位置。

4．注意事项

（1）骑越圆饼时，要提前对正目标；

（2）掌握好转向时机，早打早回；

（3）稳住车速一次通过，不能使用制动器和离合器。

三、通过单边桥

1．场地设置

通过单边桥的场地设置如图 5-14 所示。单边桥由甲乙两座桥组成，两桥错位距离为车辆轮距加 1m。两桥间距：牵引车挂车为 2 倍轴距，小型车辆为 3 倍轴距，其他车辆为 2.5 倍轴距。单边桥桥面长度为 1.5 倍车辆轴距。坡道坡度不大于 7%；桥宽为 0.2m；桥高不大于车辆最小离地间隙，通常小型车辆的桥高为 8cm，其他车辆的桥高为 12cm。

2．操作要求

驾驶人要正确掌握方向，将甲、乙两桥分别用左、右边轮压于轮下，平稳、顺畅地通过。小型车辆使用一挡（含）以上挡位，其他车型用二挡（含）以上挡位。

图5-14 通过单边桥的场地设置

3．操作方法

通过单边桥时，由于单边桥高出路面，使车身倾斜，方向容易跑偏，因此，要特别注意保持端正的驾驶姿势，握紧转向盘，选好参照点。操作方法是：

（1）通过前，降低车速，换入低速挡。

（2）目视前方，选择车辆上的对照点（一般是发动机盖中间位置），使其对准参照物，稳住方向，匀速上桥。

（3）上左单边桥时向右修正方向，上桥后向左修正方向；上右单边桥时向左修正方向，上桥后向右修正方向。

（4）驶入桥上"盲区"时稳住方向，照直行驶。

4．注意事项

（1）四轮汽车不能出现有一个车轮未上桥的情形；

（2）车轮驶上桥面后，不得掉下桥面；

（3）稳住车速一次通过，不能使用制动和离合器；

（4）不能出现发动机熄火现象。

四、直角转弯

1．场地设置

直角转弯的场地设置如图 5-15 所示。直角转弯路长超过 1.5 倍车长；路宽：小型车辆为轴距加 1m，半挂牵引车为牵引车轴距加 3m，其他车辆为轴距加 1.5m。

2．操作要求

机动车驾驶人用低速驾驶车辆按规定的线路行驶，车辆可以由左向右或由右向左直角转弯通过。一次通过，中途不得停车。

图5-15 直角转弯的场地设置

3．注意事项

（1）行驶中，车轮不得触轧突出点或者驶出路边缘线；

（2）不得借助倒车完成直角转弯，中途不得停车；

（3）不得出现发动机熄火现象。

五、侧方停车

为适应车辆在路边或纵向设置的停车位停车的需要，驾驶人必须掌握车辆停于道路右侧车位（库）中的技能。

1．场地设置

侧方停车的场地设置如图 5-16 所示。侧方停车位（库）长：大型客车为 1.5 倍车长减 1m，小型车辆为 1.5 倍车长加 1m，其他车辆为 1.5 倍车长；位（库）宽为车宽加 80cm；车道宽为 1.5 倍车宽加 80cm。

图 5-16　侧方停车的场地设置

2．操作要求

驾驶人驾驶车辆在不碰、擦库位桩杆，车轮不触轧车道边线、库位边线的情况下，通过一进一退的方式，将整车移入右侧位（库）中。车辆入库停止后车身出线，不合格；出库时不使用或错误使用转向灯，扣 10 分；项目时间超过 90 秒，不合格；行驶中车身触碰库位边线，每次扣 10 分；行驶中车轮触轧车道边线，每次扣 10 分；中途停车超过 2 秒，每次扣 5 分。

3．注意事项

（1）车辆在入库停止后，车身不得出线；

（2）行驶中，不得碰、擦桩杆，轮胎不得触轧车道边线；

（3）不得出现发动机熄火现象。

六、上坡路定点停车与坡道起步

该项目主要锻炼和考查驾驶人能否准确判断停车位置，正确使用制动踏板、变速杆和离合器踏板，以适应在上坡路段停车与起步的需要。

1．场地设置

上坡路定点停车与坡道起步的场地设置如图 5-17 所示。定点桩杆距坡底大于 1.5 倍车长，全坡长大于 30m，坡度不小于 10%。

2．操作方法及要求

驾驶人应通过视觉和感觉及时判断坡道的坡度大小、长短及路宽等道路情况，采取正确的操作方法，控制车辆平稳停车和起步，做到转向正确，换挡迅速，操纵加速踏板、驻车制动器操纵杆和离合器踏板的动作准确协调。

图5-17　上坡路定点停车与坡道起步的场地设置

（1）上坡路定点停车

① 车辆行驶接近定点桩杆约20m时，向右适当转动转向盘，使车辆正直靠道路右侧缓慢行驶，并注意观察定点桩杆；

② 车辆行驶接近定点桩杆约10m时，缓慢、准确、平稳地靠近定位目标；

③ 准确目测目标，以定点桩杆、挡风玻璃某一点（因车型和驾驶人身高不同，此点应在练习中确定）作目标。当目测到挡风玻璃某一点与定点桩杆成一条直线，即车辆保险杠与定点桩杆线对齐时，立即停车。

（2）坡道起步

① 先踩下离合器踏板，挂低速挡，打开左转向灯并鸣喇叭示意车辆即将起步；

② 踩下加速踏板，提高发动机转速（一般不超过2000r/min），同时抬离合器踏板至半联动状态（在抬起离合器踏板时，如发动机声音变得沉闷或车身微动、车头稍微抬起证明离合器处于半联动状态）；

③ 慢慢松开驻车制动器操纵杆，并徐徐踩下加速踏板，同时继续缓抬离合器踏板，使车辆平稳起步。

3．注意事项

（1）车辆停止后，汽车前保险杠定于定点桩杆线上，车身距离路边缘线不得大于30cm；

（2）起步时车辆不得后溜；

（3）不得出现发动机熄火现象。

七、限速通过限宽门

1．场地设置

限速通过限宽门的场地设置如图5-18所示。路宽大于等于7m，门宽为车宽加60cm，共设置连续三个限宽门，三门之间各相距3倍车长，1、3两门设置于同一水平位置，2门与1、3门交错一个车宽位置。

2．操作要求

驾驶人驾驶车辆应将车速控制在不低于20km/h，将车辆从三门之间穿越，不得碰擦悬杆。

图5-18 限速通过限宽门的场地设置

3．操作方法

（1）车辆起步后，将车速提高到 20km/h 以上，尽量靠近内侧悬杆行驶；

（2）当驾驶室穿过 1 号门后，向右适度转动转向盘，并注意右侧车外后视镜，防止因内轮差碰到外侧悬杆；

（3）当右后轮驶过外侧悬杆后，将车辆靠近 2 号门前进；

（4）当驾驶室穿过 2 号门后，向左适度转动转向盘，并注意左侧车外后视镜，防止左后轮碰到内侧悬杆；

（5）当左后轮驶过内侧悬杆后，将车辆靠近 3 号门前进；

（6）当驾驶室穿过 3 号门后，向右回正转向盘，通过最后一个限宽门。

4．注意事项

（1）必须按照规定路线顺序行驶，通过车速不得低于 20km/h；

（2）行驶中，车身任何部位不得碰擦限宽门悬杆；

（3）不得出现发动机熄火现象。

八、百米加减挡

1．场地设置

百米加减挡场地设置如图 5-19 所示。

图5-19 百米加减挡场地设置

2．操作要求

车辆由百米起点线处起步，在百米内完成从最低挡逐级到最高挡的加速，以及再从最高挡逐级到二挡的减速过程。

3．操作方法

（1）车辆挂最低挡起步后迅速提速，待车速达到高一级挡位的速度后立即加挡；

（2）挂高一级挡位后，再迅速提速和加挡，直至加到最高挡位；

（3）完成加挡操作后，迅速抬起加速踏板减速，待车速降到低一级挡位的速度后立即减挡；

（4）挂低一级挡位后，再继续减速和减挡，直至减到二挡后停车。

4．注意事项

（1）加挡提速要充分，否则将延长加挡后再提速的时间；

（2）必须在百米内完成加减挡，不得越级换挡；

（3）不得出现发动机熄火现象。

九、起伏路驾驶

1．场地设置

起伏路驾驶的场地设置如图 5-20 所示。通常情况下，顶宽、底宽为车轮直径加 60cm；深度、高度：大型客车、小型车辆为 6cm，其他车辆为 12cm。

图5-20　起伏路驾驶的场地设置

设置时，应参考所通过车辆的离去角和接近角。在设置障碍时，要保证 α 角小于车辆离去角，β 角小于车辆接近角。同时，设置的障碍的深度和高度要小于车辆的最小离地间隙。

2．操作要求

车辆正常行驶，在障碍物前 20m 内制动减速，用低速挡或者半联动使车辆平稳安全地通过障碍。

3．操作方法

（1）通过凸形路时，在车辆接近凸形路前 20m 制动减速，并换入低速挡。当前轮接近凸形路时，踩下加速踏板。前轮驶上凸形路后，松放加速踏板使前轮滑下。当后轮接近凸形路时，再踩下加速踏板，使后轮驶上凸形路。后轮驶上凸形路后，松放加速踏板使后轮滑下。

（2）通过凹形路时，在凹形路前 20m 制动减速，并换低速挡，用间歇制动驶近沟沿。利用惯性使前轮溜下，踩下加速踏板，使前轮下沟。利用惯性使后轮溜下，踩下加速踏板，使后轮下沟。

4．注意事项

（1）通过起伏路面时，应及时减速，不得出现不减速和早减速现象；

（2）控制好车速，避免车辆跳跃；

（3）不得出现发动机熄火现象。

十、曲线行驶

1．场地设置

曲线行驶的场地设置如图 5-21 所示。路宽：大型车辆为 4m，小型车辆为 3.5m；半径：大型车辆为 10m，小型车辆为 7.5m；弧长：八分之三个圆周。

2．操作要求

机动车驾驶人驾驶车辆从弯道的一端前进驶入，减速换挡，以低挡低速从另一端驶出。行驶中不得挤轧路边缘线，方向应控制自如。

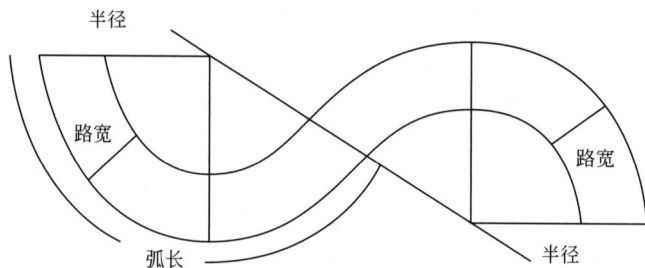

图 5-21　曲线行驶场地设置

3．操作方法

（1）沿道路的左侧进入弯道，保持匀低速行驶；

（2）车辆保持与路左侧 0.5m 的距离，适当修正方向·（留出右侧内轮差的足够距离）；

（3）降低车速，向右打转向盘，由靠左侧行驶变为靠右侧行驶；

（4）车辆右侧车轮保持与路边缘线 0.5m，适度修正方向；

（5）回转转向盘，进入直线行驶。

4．注意事项

（1）行驶中车辆不得驶出路边缘线或骑轧路边缘线；

（2）不得出现发动机熄火现象。

📄 **本章小结** ▶▶

本章主要介绍了汽车驾驶的基本操作技术，是初学驾驶者必须掌握的基本技能。重点讲述了汽车操纵机构与仪表的使用方法，汽车起步、停车、转向等基础驾驶操作方法，汽车场内道路驾驶和汽车场地驾驶的方法。通过本章的学习，学生可以对汽车驾驶的基本知识和技能有一定的了解和掌握，为汽车道路驾驶的学习打下基础。

思 考 题 ▶▶

1. 就车说明汽车驾驶操作主要涉及的操纵机件有哪些？各个机件的操纵方法及其作用是什么？

2. 就车说明汽车仪表板上的主要指示灯和报警灯及其作用。

3. 汽车基础驾驶方法及注意事项有哪些？

4. 汽车场内道路驾驶方法及注意事项有哪些？

第六章

汽车道路驾驶技术

学习目标

1. 掌握一般道路驾驶方法。

2. 掌握高速公路驾驶方法。

3. 掌握预见性驾驶方法。

4. 了解复杂道路和特殊环境驾驶方法。

5. 了解危险情况处理方法。

汽车道路驾驶技术是机动车驾驶人必须具备的主要技能，熟练掌握各种道路和不同环境下的驾驶操作方法，是确保安全行车的重中之重。

第一节　一般道路驾驶

一般道路是指车辆日常行驶中经常走的道路，主要是指一级以下的公路、路况较好的城市道路等。一般道路驾驶是对驾驶人的基本技术要求，主要应注意以下几个方面的内容。

一、行驶路线的选择

行驶中，应根据路面及道路上的各种动态、障碍物等情况，合理地选择行驶路线，尽可能地保持直线匀速行驶，以减少车辆机件磨损和燃料消耗，减轻驾驶人的疲劳，确保行驶安全。

行驶路线选择的基本原则是：在路面宽阔且平坦的路段，车辆应靠右侧行驶；在路面狭窄、拱度较大的路段，在无会车和超车的情况下，应选择在道路中间行驶；在有分道线道路上，车辆应按规定各行其道；当路面条件不良时，应选择较好路面行驶，尽量避开道路上的障碍物。

汽车在二级以下公路（不分快慢车道）上行驶时，驾驶人必须遵章守法，认真执行右侧通行的规则，各行其道。在二级以下公路上行驶分两种情况：一是在无标线的道路（若路宽大于或等于 14m 时，则两侧各 3.5m 为非机动车道，其余路面为机动车道；若路宽小于 14m但大于或等于 10m，则居中的 7m 为机动车道，两侧至少各有 1.5m 的路面为非机动车道；若路宽小于 10m 但大于或等于 6m 的，则两侧 1.5m 路面为非机动车道，其余路面为机动车道）上行驶时，机动车一般居中偏右行驶，非机动车则紧靠道路右侧行驶；如果因超车、会车等情况必须占用其他车的行驶路线时，按规定必须让有通行权的车辆先行。二是在只划有中心线的道路上行驶时，机动车应靠中心线右侧行驶，非机动车则靠道路右侧行驶。

汽车在两种车道（即划有机动车道与非机动车道）道路上行驶时，根据各行其道的原则，机动车和非机动车分别在各自的车道内享有通行权，各种车辆必须在规定的车道内顺序行进。在通常情况下，不允许车辆越过中心线或压线行驶。若因故借道行驶，不准妨碍该车道正常行驶的车辆。当车辆越过人行横道时，不得妨碍有先行权的行人通行。

汽车在三种车道（即划有小型快速车道、大型载重车道和非机动车道）道路上行驶时，机动车、非机动车都只准在规定的车道内行驶，不准跨线或压线行驶。黄色实线处，表示严禁车辆越线改变车道或越线超车。

二、行驶速度的确定

车辆的行驶速度可分为最高速度和经济速度，最高速度又可分为车辆设计最高速度和法定最高速度。车辆设计最高速度，即车辆技术性能说明书上写明的最高速度，指车辆在道路平直、视线良好的情况下，所能达到的最高行驶速度；法定最高速度指交通法规中规定的最高限定速度，机动车行驶时不允许超过此速度。经济速度即车辆燃油消耗率比较低时的速度，车辆以经济速度行驶，发动机功率利用较好，耗油量较低，较有利于节油、节胎和延长车辆寿命。汽车在平坦道路上行驶，在交通法规规定的限速范围内，以经济速度行驶为宜。不同车型的经济速度有所不同，普通轿车的经济速度一般是 60 ～ 80km/h。在行驶速度方面首先要无条件遵守交通法规的有关规定，其次是密切注意交通情况，正确判断、及时调整车速，避免不必要的加速和制动。

汽车在城市里行驶时更应注意控制行驶速度。目前城市交通规则所规定的最高速度，参考了我国主要车型的经济速度。《中华人民共和国道路交通安全法实施条例》规定以下情形之一的，最高行驶速度不得超过 30km/h：进入非机动车道，通过铁路道口、急弯路、窄路、窄桥时；掉头、转弯、下陡坡时；遇雾、雨、雪、沙尘、冰雹，能见度在 50m 以内时；在冰雪、泥泞的道路上行驶时；牵引发生故障的机动车时。

三、行驶间距

行驶间距即行驶中车辆之间距离，包括纵向间距和横向间距。纵向间距是指车辆在行驶过程中前车车尾与后车车头间距离；横向间距是指两辆车在并行或交会时车身外的距离。

同向行驶的车辆必须保持安全距离，交通法规对此没有具体规定。据一般的经验，安全距离米数大约等于行驶速度的千米数，如行驶速度为 40km，安全距离应不小于 40m。如遇沙尘、雨、雪、雾或弯路、坡路、冰雪路、泥泞路等，安全距离一般要加大 1.5 ～ 2 倍。在上坡路上行驶的车辆的间距，要保持在 75 ～ 100m；在下坡路上行驶的车辆的间距还要适当加大，以确保行车安全。与非机动车间的横向间距，在提前观察好各种车辆动态的情况下，要保持 1 ～ 2m 以上。在会车、让车或超车过程中，驾驶人必须根据车辆的位置、车速、道路、地形等变化，照顾到前后及两侧情况，调整自己的车速和两车外侧间的横向间距。根据我国道路实际情况，交通管理部门对各种车速的最小横向间距和车轮至路边的最小间距都做了比较详细的规定。

四、会车

在会车时必须遵守交通法规，自觉做到礼让"三先"，即"先让、先慢、先停"。千万不要争道抢行，遇到难行之处，要"宁停三分，不抢一秒"。

会车前要仔细观察道路及交通情况，尽量选择在路面较宽、视线良好、无障碍物的路段会车；会车中应根据道路、气候和车型等条件适当控制车速，保持足够的横向间距；会车后，确认对方车后视线盲区内无横行的非机动车和行人，前方无连续交会的车辆，向左变更行车路线。

在一般道路上会车时，掌握下列让车原则：宽路车让窄路车先行；低速车让高速车先行；大型车让小型车先行；空车让重车先行；距离桥梁和障碍物远的车辆让距离近的车辆先行；有障碍的一边让无障碍的一边先行。

在较窄的路面上会车，应先判明来车的车型、装载和拖挂情况，然后降低车速，选择路面稍宽地段，靠右慢行或停车会车。

在自己车前方有障碍物时会车，应根据各车与障碍物的距离、速度及道路情况来决定是加速通过还是减速等待，以错开越过障碍物的时间。

五、超车

超车的操作方法如下。

超车前，驾驶人要正确判断前车车速，选择平直宽阔、视线良好、左右均无障碍且前方路段 150m 范围内没有来车的路段超车。

超车时，先提高车速，向前车左侧接近，拨亮左转向灯。在距离前车 20 ～ 30m 处鸣喇叭（在不准鸣喇叭的城市和夜间可断续开闭大灯示意）通知前车。在确认前车允许超车后，与被超车保持一定侧向安全距离，从左边超越。

超越前车后，应继续沿快车道行驶，不能过早地驶入原来的行驶路线，在超过被超车 20 ～ 30m 后，打开右转向灯，驶回原车道，关闭转向灯。

六、让车

行车中，驾驶人要随时注意观察后面有无准备超车的车辆，当发现有尾随车发出超车信号时，应根据道路、交通情况，在确保本车安全的前提下，及时让车。

让车时应主动减速、靠右行驶，并打开右转向灯，示意后车超越。让车后，确认无其他车辆连续超车时，再驶入正常行驶路线。

七、跟车

跟车时，前后车之间必须保持一定的安全距离，在前车减速或制动时，后车要有足够的时间供驾驶人作出反应，采取制动措施，不致发生追尾事故。跟车距离应根据车速、道路、气候和交通等情况确定。跟车时精力要高度集中，使自己所驾车辆在前车任何情况下停车时，都能及时停下来。

第二节　复杂道路驾驶

复杂道路是相对于一般道路而言的，主要包括城市道路、山区道路、泥泞与翻浆道路、冰雪道路、隧道、涵洞与涉水路等。复杂道路的驾驶要求驾驶人能根据各种复杂路况的特点，采取不同的驾驶方法，确保行车安全。

一、城市道路驾驶

城市和集镇是人口高度集中的地方，机动车、非机动车和行人的交通量都比较大，交通情况比较复杂，行车中一定要集中精力，谨慎驾驶。

1. 驾驶方法

（1）要严格按照规定的道路行驶。在划有机动车道与非机动车道的道路上行驶时，各种车辆必须在规定的车道内行驶；在未设分道线的道路上行驶时，如果对面无来车，可保持在路的中间行驶。

（2）集镇街道一般不设分道线，各种车辆和行人混在一起，行车时要主动减速礼让，尽量避免超车。行至拥挤街道，行车比较困难时，要多鸣喇叭，减速行驶。

（3）城市的交叉路口是事故多发地段，必须谨慎驾驶。车辆行至交叉路口遇有停止信号时，应停在停车线以内；没有停车线的，应停在人行横道线以外；停车线、人行横道线都没有的，应停在距路口 5m 以外处。左转弯的车辆，在不影响来车通行的前提下，尽量靠中心线行车，为后来车辆提供方便。右转弯的车辆，要注意右侧非机动车动态，防止交叉相撞。通过无指挥信号的路口及交通量大的路口，要做到"一慢、二看、三通过"，遵守有关让车的规定，及早停车或加速通过。车辆行经环形交叉路口时，一律绕环岛做逆时针的单向行驶，行至所要出去的路口时，开右转向灯驶出。大多数环形路有两条或两条以上的车道，内侧一般为快车道。在车辆由内侧车道离开环形路前，要先安全驶入外侧车道，不能从内车道直接右转弯驶出环形交叉口，以免与在外侧车道行驶的车辆相撞。在转向改变车道时，要特别注意安全，并及时发出转向信号。

（4）车辆需要倒车或掉头时，必须遵守倒车和掉头的规定，选择合适的地点进行。操作中要小心谨慎，必要时要有人指挥。确需停车时，必须遵守有关停车的规定。在城市道路（或停车场）停车时，应紧靠道路两旁或在规定车位依次停放。

2. 注意事项

（1）要严格遵守交通法规。车辆进入城市前，要熟悉当地的交通管理规则；进入城市后，要密切注意路旁设立的各种交通标志，听从交通管理人员的指挥。

（2）要仔细观察道路标线。城市道路上的标线很多，这些标线有的是可以压（越）的，而有的是不可以压（越）的。道路中间的单实线、双实线（白色或黄色）是不能压（越）的。道路中间的虚线，在超车和转弯时可以短时间压（越）线。

（3）要控制车速和车距。由于城市道路交通条件复杂，突发、意外情况多，所以车辆在通过繁华交叉路口、行人稠密地区及铁路和街道交叉路段时要遵守限速规定，减速行驶，并与前车保持安全距离，确保交通安全。

（4）城镇街道行人较多，驾驶人要特别注意，尤其是通过学校、公园、体育场馆、影剧院、集市或农贸市场等场所时，应密切注意行人动态低速缓行，慎防行人突然横穿，不得用汽车去挤开人群。

二、山区道路驾驶

山区道路坡多路窄，弯急路险，行车难度大，驾驶人必须掌握山区道路的特点，采取恰当的驾驶方法，正确处理各种情况，谨慎驾驶。

1. 驾驶方法

（1）汽车上陡坡时，应提前换入中、低速挡，使发动机保持足够的动力，平稳地上坡。当动力不足时，应迅速减挡，不可强撑，以防拖挡熄火。如错过换挡时机，可越级减挡。若遇换不进挡或发动机熄火时，应立即同时使用行车制动器与驻车制动器停车，然后重新起步。汽车下坡时，由于汽车的重心前移，其惯性力也随之增大，应注意检查制动器的工作情况，要严格控制车速，不能过快，运用发动机和低速挡位的牵阻作用控制车速。要合理使用制动器稳定车速，严禁熄火、空挡或踩下离合器踏板滑行。

（2）汽车上长坡时，车速慢，时间长，要求驾驶人要有耐心，使发动机平稳地工作。不应操之过急狠踩加速踏板使发动机高速运转，从而使发动机过热开锅或油路气阻造成供油不良。下长坡时，主要是利用发动机制动控制车速，辅助以间歇行车制动。要防止长时间连续使用行车制动，会使制动蹄片过热，以及气压过低，造成制动效能降低。

（3）通过傍山险路时，要注意交通标志，遵守标志规定。行车中要重点观察靠山一边的路面，尽量选择道路中间或靠山的一侧谨慎驾驶，不要窥视崖下深涧，以免精力分散和产生不必要的紧张心理。在弯道上，转弯前应减速、鸣喇叭、靠右行，特别是下坡车应在转弯前平稳降低车速，随时做好停车准备，以防转弯中遇到来车交会或转弯后遇到路障。边转弯边上陡坡时，应提前减挡，使车辆有足够的动力，避免转弯时换挡。与车辆交会时，应提前处理情况，做到"一让、二慢、三停"，观察好前方道路和右侧路面情况，选择好会车地点，主动做好停让车的准备。如会车时靠近山崖边或河崖一侧，应停下来观察路基情况，在确保安全的情况下才能通过。特别是在雨季的山区公路上，由于公路狭窄，交会时不能太靠边，应选择适当地点，提前让车。不盲目交会，安全礼让。

（4）汽车在易出现塌方、滑坡和泥石流的危险地段行驶，应提前了解有关道路的情况，以便心中有数，采取相应对策，做到有备无患。进入危险地段应认真观察，若前方路面有散乱的大小石块、泥块或土堆时，应考虑是否会有塌方、滑坡和泥石流出现，并选择安全位置停车，细心观察，待确认可以安全通过后再通过，切忌犹豫不定或在可疑地段停车。若车前突然遇到坍塌，应立即停车后倒避让。如果险情发生在车后，或有碎石落在车上或车旁时，切勿停车察看，应加速前进一段距离，选择安全地点停车处理。遇到塌方严重短时无法排除时，应及时掉头迂回或找安全场地停车等待。

2. 注意事项

（1）车辆在山区道路上行驶时，应保持良好的技术状况。出车前应对车辆进行认真检查，尤其是对影响安全的关键部位要仔细检查，发现隐患要及时排除，以防机械故障导致行车事故。

（2）在山区道路上行驶时，驾驶人要注意观察道路及山体情况。尤其是在多雨季节，更要仔细观察，以防道路坍塌、山体滑坡及泥石流造成车辆受损或人员伤亡。

（3）在视线不良的山区道路上行驶时，应及时鸣喇叭（夜间用断续灯光），以使对面来车提前知道有车临近，并注意倾听对方是否有鸣喇叭的声音，以便提前采取相应措施，避免事故发生。

三、泥泞与翻浆道路驾驶

1. 驾驶方法

（1）在泥泞、翻浆道路上起步时，应选择比一般道路上起步高一级的挡位，轻踩加速踏板，放松离合器踏板要比一般道路起步快点儿，使汽车向前猛窜一下，但要掌握好尺度，不能前冲太猛，使用次数不宜过多，以免损坏传动机件。

（2）在泥泞道路上行驶时，应注意观察路面情况，选择质地坚实、地势较高、泥泞较浅的路面行驶，有拱度的路面尽可能在路中行驶，保持左右车轮高低一致。如有车辙，可循车辙前进。

（3）通过泥泞、翻浆路段前，应及早换所需挡位，保持足够的动力，中途尽量避免换挡或停车。在泥泞较浅的道路上，应选用低速挡平稳行驶；在泥泞较深、距离短而又无危险的地段，可用中速挡加速通过；在不宜冲过的地段，可用低速挡保持足够的动力，一次通过，尽量避免中途换挡、制动、转向和停车。如中途必须换挡，时机要比平路正常情况时提前，动作要敏捷，联动要平稳。

（4）在泥泞、翻浆道路上应尽量保持直线行驶，需要转向时，转向盘的操作要均匀缓和，瞬时转动角度要小，以避免惯性离心力的作用。需要靠边时，应先在路中减速或换低挡，逐步驶向路边。转弯时必须提前减速，缓慢地操作转向盘，防止车辆发生侧滑。

2．注意事项

（1）汽车在泥泞道路上需要减速时，无论是平路、下坡、直线或弯道，都应以发动机的牵阻制动为主，必要时辅以间歇性的驻车制动，尽量避免使用行车制动，禁止使用紧急制动。

（2）汽车在泥泞道路上发生侧滑时，应立即减速。如是前轮侧滑，车辆有自行停止侧滑的作用；如是后轮侧滑，车尾向一边甩（俗称"甩尾"），应放松加速踏板，转向盘向车尾甩动的方向转动，这样可以控制车体的运动方向，防止侧滑继续，待修正好行驶方向后，再逐渐驶入正道。当汽车发生侧滑，不可紧急制动、猛打转向盘，以免发生更大的侧滑，甚至造成翻车事故。

（3）当车轮陷入泥中并空转时，应立即倒车，另选路线通过。如倒车也空转，应立即停车，以免越陷越深。停车后，挖去泥浆，加以铺垫，必要时卸下货物，以便汽车驶出。

四、冰雪道路驾驶

汽车在冰雪路面上行驶时，由于路面光滑，附着力小，车轮易产生空转和滑溜，方向的稳定性差，所以驾驶方法与在一般路面上行驶有所不同。

1．驾驶方法

（1）起步时，应选择比平常起步高一级的挡位，缓慢放松离合器踏板，在半联动状态稍多加停留，轻踩加速踏板，以适应较小的路面附着力，避免汽车猛烈前冲或牵引力过大而使车轮空转或出现侧滑。如果车轮空转难以起步，应清除车轮下的冰雪，并在驱动轮下铺垫砂土、炉渣、柴草等防滑材料，再重新起步。

（2）行驶中应保持中、低速并匀速行驶，需要减速时，应利用发动机的牵阻作用，尽量避免使用行车制动，必须使用行车制动时，只能间歇轻踩踏板，并辅以驻车制动。

（3）转弯时要控制车速，提前缓抬加速踏板，平稳降速。在道路交通情况允许下，适当加大转弯半径，操作转向盘要缓慢，做到早转或少转，不要急打急回，以防车轮侧滑。

（4）尾随行驶应与前车保持较大的纵向间距，一般为正常道路条件的1.5～3倍（安全距离一般在50m以上）。会车、超车要选好适当路段，注意加大横向间距。超车时，待前车让车后方可超车。

（5）上坡时，应根据坡度使用低一级的挡位，需要减挡时，时间应较平时稍提前一些，避免发生拖挡现象，以保证有足够的动力不使汽车向后滑溜。下坡主要是控制车速，要提前挂低速挡，依靠发动机牵阻制动，需要用行车制动来控制车速时，应采用间歇制动。

2．注意事项

（1）出车前应做好各项准备工作：携带防滑链、喷灯、三角木、钢丝绳、锹镐及其他必要的防寒保温用品。安装防滑链要左右对称，松紧适度，通过冰雪路段后，立即拆除。

（2）在积雪过深地区行驶时，应根据行道树、电线杆、交通标志和路边栏杆等的相互位置来判断道路，判明行车路线，沿着道路中线或积雪较浅处通行。

（3）在冰雪路面上不要长时间停车，以防轮胎与地面冻结在一起，损伤轮胎和传动零部件。如果必须长时间停车，应在车轮下铺垫沙石、柴草物。

（4）由于冰雪路面对阳光的反射，易使驾驶人出现眩目、流泪、疼痛、视物不清等现象。因此，驾驶人应佩戴有色防护眼镜来保护眼睛，以利于交通安全。

五、隧道、涵洞与涉水路驾驶

1．隧道驾驶

（1）进入隧道前，要认真观察隧道入口处的标高、标宽等交通标志和文字说明，对于载货汽车要特别注意高度限制规定，超高的车辆严禁进入隧道。

（2）车辆通过单行隧道时，在进入单行隧道前应仔细观察对方有无来车，是否有通行条件。允许通过时，适当鸣喇叭或开启示廓灯，缓行通过。如发现对面有来车驶入隧道或有停车信号，应及时在道口靠右侧停车，待来车通过或见有放行灯光信号后，再起步驶入隧道，做到红灯亮停车，绿灯亮通过。

（3）车辆通过双行隧道时，应靠道路右侧行驶，视情况开启灯光，注意交会车辆，隧道内一般不宜鸣喇叭，尤其在距离较长、车流量较大的隧道内更须注意，避免喇叭声使隧道内噪声增大。

（4）隧道内不准超车、倒车、掉头和停车。车辆发生故障时，应开启示廓灯和尾灯，并设法将其移至隧道外。

2．涵洞驾驶

涵洞是公路与公路或公路与铁路构成立体交叉的下层岔口，有交通标志标示允许的范围，必要时应停车核头。通过涵洞时，要适当减速，如涵洞路幅不宽，通视条件较差，应注意前方来车。

3．涉水路驾驶

汽车涉水前，必须停车观察水情，查明水的深度、流速、流向、水底（泥泞底还是石底）及汽车进出水域的道路情况。

若水面较宽，应选择水浅、底硬、水流稳定及两岸坡缓处作为涉水路线，并应设置标志。车辆应采取必要的防水措施。

涉水时应使用低速挡，平稳地驶入水中，并缓慢行进，防止水花溅湿发动机电气部分而造成发动机熄火。稳住加速踏板，保持汽车行驶平稳且有足够动力。尽量避免中途换挡、停车和急转方向。

汽车涉水后，应对车辆进行检查，如轮胎间有嵌石，底盘有水草缠绕，要予以清除。继续行驶后应先踩几次刹车，排除制动器中的水，避免刹车效能降低影响交通安全。

第三节　特殊环境驾驶

一、夜间驾驶

1. 灯光的使用

（1）夜间灯光有照明和信号两方面的作用，为了告知路上的其他行人、机动车和非机动车驾驶人，应在灯光能显示出车的轮廓时就开启前照灯、示廓灯、牌照灯等。

（2）夜间行车要正确使用灯光，其操作方法是：一是起步时，应先打开近光灯、尾灯等，如看不清前方 100m 左右的物体时，打开远光灯进行观察；二是在城市有照明条件的道路上行驶时，应使用近光灯；三是车速在 30km/h 以内时，可使用近光灯，灯光须照出 30m 以外，车速超过 30km/h，应使用远光灯，灯光须照出 100m 以外；四是在风、雨、雪天夜间行驶时，应使用防雾灯或防眩目近光灯，不宜使用远光灯，以免出现眩目的光幕而影响视线；五是停车时，须在车辆停稳后再关闭灯光，如果是临时停放，应开示廓灯和尾灯，以提醒驾驶人和行人注意。

（3）夜间行车，因车灯照射范围有限，难以看清路面状况和道路变化，可通过发动机声音和灯光照射的变化进行判断。当车速自动减慢或发动机声音变得沉闷时，表示行驶阻力增大，汽车正在上坡或驶经松软路面；当车速自动增快或发动机声音变得轻松时，表示行驶阻力减小或汽车已在下坡。当灯光投射距离由远变近时，表示汽车驶近或驶入上坡道，驶近急弯或将要到达起伏坡路的低谷地段；当灯光由近变远时，表示汽车由弯道转入直线，或者是上下坡道由陡坡进入缓坡；当灯光离开路面时，应当注意前方可能出现急弯或面临大坑，或是上坡车正驶上坡顶。

2. 夜间会车、跟车

（1）夜间会车要选择路面宽阔、平坦的路段交会，并降低车速。在距对面来车 150m 以外时，将远光灯改为近光灯，两车在横向并线时应该打开远光灯。在变光的瞬间，应观察清楚自己行驶方向上的地形和路线，同时也应顾及对方的地形和行驶路线，切不可在看不清道路的情况下盲目转向，以免发生意外。夜间会车一定要做到"礼让三先"，遇到来车未能及时改变远光灯时，可连续切换远、近光灯示意。如对方仍用远光灯行驶，应立即靠边停车让对方先行。切忌强光对射，以免影响对方视觉，导致交通事故。

（2）夜间同方向近距离跟车行驶时，应使用近光灯，并保持较大的安全距离。行车中注意观察前车信号灯的变化，随时做好减速或停车的准备。行驶速度应控制在遇到紧急情况制动时，车辆能在前照灯的照射范围内安全减速停车。

3．夜间超车和让车

（1）夜间行驶应尽量避免超车，必须超越时，应提前打开左转向灯，观察左侧车道无来车后，逐渐向左变更车道，并切换远、近光灯提醒被超车辆。确认被超车辆让车后，开启近光灯，加速超越。超越后，在不影响被超车辆行驶的前提下，开启右转向灯逐渐驶回原行驶车道。

（2）车辆在夜间行驶时，当发觉后车打左转向灯并连续变换远、近光灯，表明后面有车想超车。此时应视前方的道路和交通情况决定是否让路。如前方没什么特殊的情况，就向右打一点方向，让出路面，让后车顺利超车。

4．夜间通过交叉路口

（1）夜间通过视线较差的交叉路口时，应距交叉路口150m以外进行远、近光灯切换，示意左右来往的车辆和行人，并低速通过；在路口转弯时，应距路口来车30～100m关闭远光灯，打开转向灯示意，进入路口前应降低车速，不断切换远、近光灯，安全通过。

（2）夜间通过城市交叉路口时，应提前选择行驶车道，在距交叉路口100m处，关闭近光灯，按交通信号灯的提示通过或等候。遇信号灯解除、黄灯闪烁时，应减速慢行或停车瞭望，并切换远、近光灯提醒来往车辆和行人。通过时，应注意暗处的行人和非机动车。

5．注意事项

（1）夜间行车，在出车前要认真检查车辆，对灯光、制动、转向等装置更要仔细检查。

（2）夜间行车要控制行驶速度，尤其是行经弯道、坡路、桥梁、窄路和不易看清的路段，更须减速缓行，并要随时做好停车准备。

（3）通过繁华的街道时，要注意霓虹灯及其他各种灯光对视线的影响，在雨后沥青路面上行驶时要注意光线反射对视线的影响。遇到上述情况应当降低车速，细心观察，谨慎驾驶。

（4）夜间行车，如遇前照灯突然不亮，要沉着果断，稳住转向盘，立即采取停车措施，同时开近光灯、防雾灯，必要时也可使用转向灯。如前照灯不能修复，可暂时用其他灯光代替，但必须谨慎地慢速行驶，并随时做好停车的准备。

（5）夜间行车，驾驶人应具有充沛的体力和旺盛的精力，避免疲劳驾驶。如在行驶中感到疲劳，应就地停车休息，待体力、精神得到恢复后再继续驾驶。

二、雨天驾驶

雨天行车，能见度低，路面湿滑，驾驶人要特别小心。

1．驾驶方法

（1）雨天行车应严格控制车速，能见度在30m以内时，车速不得超过20km/h。尾随行驶时要适当加大与前车的纵向间距，尽量避免急转弯和紧急制动，以防汽车打滑驶出路面。

（2）当路面积水时，应低速缓行，以防雨水溅起影响视线。遇到路面上的凹坑应尽量避开，选择高处行驶。对积水过深的道路，应探明路面情况，不得盲目涉水，以防路面被水冲坏，车辆陷入大坑。

（3）会车时，应提前减速，缓慢转动转向盘，靠右侧慢慢通过。行驶中尽量不要超车，在较窄路面上应避免超车，以防事故发生。

（4）雨天行车要密切注视非机动车和行人动态，尤其是在刚开始下雨时，非机动车和行人由于急切赶路或找避雨的地方，往往不顾其他车辆行驶状况，行驶方向较乱、速度较快，与汽车争道抢行，顾前不顾后。所以，驾驶人应注意观察，勤鸣喇叭，尽量避让，同时降低车速，并随时准备停车。

2. 注意事项

（1）雨天行车要确保刮水器工作正常，当刮水器发生故障时，切不可冒险行车。

（2）连雨天气，要注意路基是否疏松及出现坍塌情况，选择安全路面行驶。在傍山路、堤路或沿河道路上，不宜靠边行驶或停车，在超车、会车时更须注意。

（3）在山区遇到暴雨时，应尽量将车停在山顶的公路上，待雨停后再通过。切勿将车停在山谷间的公路上，以免受到山洪的冲击。

（4）遇到特大暴雨，不要冒险行驶，应选择安全地点将车停好，并开小灯，引起过往车辆的注意。

三、雾天驾驶

雾天能见度低，视线受限，视距缩小，使行车难度加大。

1. 驾驶方法

（1）雾天行车能见度低，为增大视距和便于被其他车辆发现，应正确使用灯光。当雾不太浓时，应开防雾灯、前后小灯及示廓灯；当雾很浓，能见度小于 30m 时，还应开近光灯和危险警告灯。

（2）雾天驾驶车辆应降低车速，雾浓度越大，可视距离越小，车速应越慢。当能见度在 30m 以内时，车速不要超过 20km/h。

（3）雾天行车，应密切注视前方交通情况，适当多鸣喇叭引起车辆、行人注意，并与其他车辆及行人保持足够的安全距离。

（4）雾天，汽车应始终保持靠道路右侧行驶，不要侵占对方路线。会车时，应关闭防雾灯，以免给对方造成眩目，同时加大横向间距，低速行驶，会车后打开防雾灯。

（5）雾天驾驶车辆时，应严禁超越车辆。在超越路边停放的车辆时，注意道路左侧的交通情况，勤鸣喇叭，做好随时停车的准备，切忌盲目超越。

2. 注意事项

（1）当雾气凝聚在挡风玻璃上形成小水珠影响视线时，应间歇使用刮水器刮去水珠，改善视线。

（2）雾中行车不能使用远光灯，因为远光灯光轴偏上，射出的光线被雾气漫反射，使车前白茫茫一片，犹如隔着磨砂玻璃一样，导致什么也看不清。

（3）能见度极低时，应及时选择适当地点暂时停车，开示廓灯，待大雾消散或能见度有了改善后，再继续行驶。

四、严寒天气驾驶

严寒天气，润滑油黏度增大，燃油挥发性变差，挡风玻璃易结霜，给行车带来一定的困难。

1. 驾驶方法

（1）在严寒天气，启动发动机之前，有预热装置的要进行必要的预热。对于化油器式发动机，要关闭阻风门进行启动。

（2）发动机启动后不要急于起步，要预热几分钟，使发动机温度升高至50℃时再起步。起步时，应挂低速挡，缓抬离合器踏板，轻踩加速踏板。起步后，应低速行驶 1～2km 或更长距离，待机件润滑正常后再加速。

（3）随着气温的降低，汽车上有些机件的脆性增加，容易断裂。为此，行驶中要注意选择平坦路面，并保持中速行驶，避免紧急制动，以防机件因剧烈振动导致损坏。

（4）遇到冰雪道路时，应按冰雪道路的驾驶方法操作。行驶中要控制车速，提速要缓慢，不要猛踩加速踏板，操纵转向盘不可过猛、过急，尽量减少使用行车制动，禁止使用紧急制动，以免车辆侧滑发生事故。

2. 注意事项

（1）严寒天气来临前，应对车辆进行换季维护，更换发动机润滑油、齿轮油，对冷却系统加注防冻液，调整蓄电池电解液的密度。

（2）未加防冻液的车辆停驶时切勿忘记放水，以防冻裂发动机。

（3）车辆尽可能停在车库内。在道路上临时停车时，应有效利用地形或建筑物避风防寒。

五、炎热天气驾驶

炎热天气，空气密度变小，使发动机充气系数降低，功率下降；润滑油变稀，黏度变小，润滑不良，使机件磨损加快；同时，燃料系统和液压制动装置易出现气阻，轮胎因温度过高，易出现爆胎。

1. 驾驶方法

（1）出车前，要检查冷却系统的工作状况，检查冷却液液位是否标准，检查风扇皮带的松紧度。行驶中，注意观察水温变化，如果水温过高应停车检查，避免发生大的故障或事故。

（2）行驶中驾驶人要注意观察车况变化，加强途中检查，及时做好车辆机件、设备的降温工作，使车辆各部件运转正常。当燃料系统产生气阻时，应先停车降温，排除故障后，再继续行驶。发现胎温、胎压过高时，应选择阴凉处停车休息，使其自然恢复正常，不可用放气或浇水的方法进行降温。

（3）行驶中要注意观察路面情况，柏油路面受阳光暴晒容易软化，使车轮与路面的摩擦因数变小，制动距离增长且车轮易产生侧滑。为此，行驶中要控制车速，遇到情况要及早采取措施，以防车辆事故发生。

（4）夏季树木成荫，视线容易受到遮隔，要预防路外有人从隐蔽处突然闯入道路，在转弯处更须特别警惕。当太阳落山时，气温降低，此时赶路的人、车较多，应当耐心对待，小心处理。夜间因室内温度较高，人们喜欢户外活动，在路边乘凉、游玩的较多，因此，通过居民地和街道时，要格外小心，注意观察路边的情况，降低车速，并随时做好停车准备。

2．注意事项

（1）炎热天气驾驶人要防止中暑，尽量选择早、晚凉爽时出车，避免在烈日炎炎的正午出车。要随车携带防暑降温药物，如人丹、清凉油、风油精等。

（2）炎热天气行驶，驾驶人必须保持充沛的精力和体力，当感到精力和体力不足时，应选择阴凉处停车休息，待身体消除疲劳后再驾车行驶。

（3）炎热天气，液压制动液易产生气阻，制动皮碗和制动软管易软化，这都会导致制动失效。为此，进入夏季时，要及时检修制动系统，检查制动皮碗和制动软管的完好程度。

（4）炎热天气由于温度高，再加上空调的使用，容易使发动机水温高，应经常注意观察。一旦发生"开锅"现象，应立即停车，关闭空调，先使发动机中速运转，待温度降低后，再将发动机熄火进行加水。在打开散热器盖时，要避开加水口上方，以免蒸汽冲出烫伤手和脸。若需热车更换冷却水时，不可将热水全部放出后添加，以免汽缸体因冷却不均而发生破裂。

（5）炎热天气轮胎散热不好，容易爆胎。如果汽车后胎爆了汽车仅仅是上下颤动，问题不是很大，慢慢减速靠边停车即可。前轮爆胎，汽车不仅会颤动，发生倾斜，而且转向盘也会突然被一股强大的力量拉向爆胎的那一边，此时不要紧张，用力拉住转向盘，使汽车保持直行状态，松掉油门，让车速慢慢降下来，不能踩刹车，否则将翻车失控。

第四节　高速公路驾驶

高速公路具有全封闭，全立交，车道分明，路面条件好等特点，在高速公路上行驶，驾驶人应掌握高速公路驾驶特点，确保高速公路的行车安全。

一、高速公路行驶前准备

1．检查车辆

首先在汽车驾驶室内对灯光、仪表及各操纵装置等进行检查。然后在发动机室对发动机冷却液、机油、刹车油、助力转向油和挡风玻璃清洗液（玻璃水）等进行检查，如有液位过低要及时补充。最后在车辆外部对灯光、轮胎和装载情况等进行检查。车辆起步后，先低速行驶，再对仪表、转向及制动等项目进行复查，确保车辆技术状况良好。

2．制定行驶方案

如果是短途行驶，只要做到对路况和进出路口位置心中有数即可。如果是长途行驶，最好做个详细的行驶方案，内容主要包括：进出高速路口的位置、行驶路线、沿途道路及交通状况、行驶时间及服务区设置、天气信息等。

3．随车物品

在高速公路行驶，车辆要携带必要的随车工具和停车指示标志。如行驶里程较长，应带好必要的饮用水、食物和生活用品等。要保证油箱内的燃油能足够到达最近的服务区。

4．装载规定

高速公路对车辆装载的要求更加严格，必须按照相关法律、法规的规定执行，否则可能无法通过高速公路入口进入高速公路。因此，车辆一定要按规定装载，不得有超载、超长、超宽、超高现象。货车运输超限的大件或特殊物品，应提前向高速公路管理部门申请，在获得特别批准之后才能从特殊车辆通道进入。

二、驶入高速公路

1．驶入高速公路的操作方法

（1）高速公路入口处一般设有收费站，汽车在进入收费站前，应密切注视通道上方的灯光信号和控制入口前的情报标志板，选择绿色灯亮的车道入口进入高速公路。当驶近收费站时，要减速缓行，依次排队，按次序交费通过，切勿急于通过而争道抢行。进入收费入口处，车辆尽量靠近收费亭，使驾驶室门窗对齐收费口，便于收费人员和驾驶人交接现金、票证或通行卡。在入口处领到通行卡或票证后，要妥善收存好，以备出口时交卡或验票。

（2）车辆驶过高速公路收费站后，应根据指路标志选择需要的匝道口（注意观察路标，不要走错匝道）。驶入确定的匝道后，要迅速提高车速，但不得超过标志限定的速度。在匝道上不准超车、停车、倒车和掉头。

（3）车辆进入加速车道后，应打开左转向灯，迅速将车速提高到 60km/h 以上，并通过后视镜和左侧车窗仔细观察行车道上行驶车辆的情况，选择驶入行车道的时机，在不妨碍正在车道上行驶的车辆的情况下，平滑汇入车道。

2．注意事项

（1）在具有弯道和坡道的匝道上行驶时，应注意警告标志，限制车速。在喇叭形、环形立交上行驶时，注意相对方向上欲驶向出口的车辆，避免相撞、刮擦。

（2）不允许车辆未在加速车道加速而直接驶入车道。当前车加速性能较差或停车时，要与前车保持一个能够在加速车道上充分加速的距离，避免在加速车道前端停车。汇入车道时，操纵转向盘不应过急过猛。

（3）汽车在进入加速车道时应打开左转向灯，使车道上的车辆驾驶人知道有车辆准备驶入车道。

三、高速公路行驶

1. 分道行驶

（1）在高速公路上行驶必须严格遵守分道行驶原则，所有车辆都应按照各种类型车辆所应行驶的车道行驶，不准随意穿行越线，不准骑、轧分道线行驶。除因停车驶入或者驶出紧急停车带和路肩外，不准在紧急停车带和路肩上行车。

（2）在同向 2 车道的高速公路上行驶，车速低于 100km/h，应在右侧车道上行驶。

（3）在同向 3 车道的高速公路上行驶，最右侧车道的最低车速为 60km/h，车速高于 90km/h 的车辆应在中间车道上行驶，车速高于 110km/h 的车辆应在最左侧车道上行驶。

（4）在同向 4 车道的高速公路上行驶，车速高于 90km/h 的车辆应在中间两条车道上行驶，车速高于 110km/h 的车辆应在最左侧车道上行驶。行驶方向左侧的两条车道一般为小型车辆行车道，行驶方向右侧的两条车道一般为大型车辆行车道。

2. 车速和车距

（1）我国规定的高速公路限速范围一般最低车速不低于 60km/h，最高车速不高于 120km/h。处于不同地区和不同路段的高速公路最高限速不同，实际驾驶时应根据具体限速标志行车。长时间高速行驶，驾驶人对车速的感觉会变得迟钝，仅凭感觉不能准确判断车速，因此，要通过车速表确认车速。

（2）高速公路行车，应根据行驶速度、天气和道路情况保持安全距离。车速为 100km/h，两车的横向间距应不小于 1.5m。

（3）高速公路每隔一段距离，设有专门为驾驶人确认安全距离使用的路段和标志牌，该路段用于驾驶人确认车速为 100km/h 时的安全距离。车辆在高速公路以 100km/h 的速度行驶时，100m 为安全距离，50m 为危险距离。

3. 变道和超车

（1）车辆在高速公路上行驶，不得频繁地变更车道。如确需变更车道，应打开转向灯，观察好路况，确认安全后，缓转转向盘，驶入需要变更的车道。变更车道的目的是选择不同的行车道，但更多时候是为了超车。

（2）高速公路超车，应首先观察前车是否在超车或有无超车的意图，并通过后视镜观察左侧车道上有无后续车辆或来车超越，在确认前后方安全的情况下，打开左转向灯，夜间还须切换使用远、近光灯，在距前车 50～70m 时平稳地向左转动转向盘，以较大的行车轨迹加速驶向左侧车道，与前车尽量保持较大的横向间距，加速超越，超车后，距被超车辆 50～70m 时，打开右转向灯，平稳驶回行车道，并关闭转向灯。

4. 经过隧道

（1）车辆在通过高速公路隧道时，应按照限速标志，先降低车速，开启前照灯和示廓灯、尾灯。

（2）进入隧道后，应两眼平视前方，不要鸣喇叭。驶出隧道口，可能会受到横向风的袭击，会明显出现方向偏移，此时应握稳转向盘，控制好行驶路线。

5. 注意事项

（1）在高速公路上行驶时，要正确操纵转向盘。进行车道变换或修正行车方向时，转动转向盘的转角尽量要小，以免车身偏移过多导致驶出车道或造成不必要的频繁修正方向。通过弯道时操纵转向盘的速度应尽量小，要避免猛打、猛回转向盘，否则会使汽车失稳、侧滑，甚至翻车。

（2）车辆在高速公路上行驶时，要注意控制行驶速度。行驶速度并非越高越好，超高速行驶极易造成交通事故；但行驶速度也不是越慢越安全，车速过低则与其他车辆的速度差增大，经常处于被超状态，反而不安全。为此，在高速公路上行驶时应严格遵守交通法规中最高速度和最低速度的规定。

（3）在高速公路上行驶时，无特殊情况，不准随意停车。如因故障需要临时停车检修时，必须提前开启右转向灯驶离行车道，停在紧急停车带内或者右侧路肩上。如果汽车不能离开行车道，应立即开启危险警告灯，并在行车方向的后方100m处设置故障车警告标志。

（4）高速公路行驶时如果因为疏忽驶过了出口，应继续向前行驶，寻找下一个出口驶出高速公路。不得紧急制动、停车或沿路肩倒车退到出口处，更不得掉头或逆行。

四、驶离高速公路

1. 驶离高速公路操作方法

高速公路在出口前四个不同距离上分别设有2km、1km、500m及出口预告标志牌，车辆驶离高速公路时，要根据这些预告标志牌的指示距离，适时向右侧变更车道。

（1）在高速公路上行驶时，当见到2km预告标志牌后，如果准备在这一出口驶出高速公路，就应开始作驶出准备，行驶在左侧车道上的车辆要尽快驶入最右侧车道。

（2）当见到1km标志牌后，严禁超车。如果见到这块预告标志牌后还要进行超车，则有可能到达出口处时来不及返回主车道，因而无法驶向出口。

（3）当见到500m标志牌后，应打开右转向灯，表示车辆即将驶出高速公路的意图，作好进入减速车道的准备。

（4）在减速车道起点设有出口标志牌，上面没有距离数字，但有一指向箭头。见到此标志牌后，可平稳地向右转动转向盘使车辆进入减速车道。

（5）车辆进入减速车道后，应关闭转向灯，利用制动器并配合发动机制动使车辆减速。在车辆到达减速车道与出口匝道分流点的三角地带端部之前，将车速降低到限速标志规定的车速以下，然后进入出口匝道。

2. 注意事项

（1）要注意出口不要弄错。进入高速公路之前，应把出口及大致里程位置记牢。进入高速公路后，留意驶过的各出口名称。在接近自己准备驶出的出口时，要特别注意各出口预告标志牌。

（2）要注意速度错觉。驾驶人在高速公路上经过长时间的高速行驶后，高速感会逐渐减弱，出现速度错觉，把实际上已经很高的速度主观判断成较低速度。所以，车辆驶离高速公路后，仍须按照车速表来控制车速，不要过分信赖自己的主观感觉。

五、高速公路特殊环境行驶

1. 行驶方法

（1）夜间行驶，应适当降低车速，正确使用灯光，仔细观察交通情况，最好是选择在自己车辆前方、行驶速度与自己差不多的车辆，并保持足够的行车间距跟车行驶。夜间行驶应避免在路肩上停车，如确因车辆故障不得不停，可将车辆停放在路肩上合适的位置，并在行驶方向的后方100m处设置故障车警告标志，同时开启示廓灯和尾灯。

（2）大风天气行驶，要特别注意侧向风对车辆行驶的影响。在行驶中，如突然遇到侧向风，行驶方向因侧向风的影响而发生明显偏离时，应一边注意车辆行驶方向的变化，一边适当地往回转动转向盘加以修正。要注意转向盘转动不能过急，以防车辆发生横向滑移，甚至导致事故。

（3）大雾天气行驶，应及时打开尾灯、防雾灯或前照灯（近光），将车速减至最低限速标准，并加大跟车距离。

（4）雨天行驶，在出车前要检查刮水器的工作情况。行驶中要控制车速，增大行驶间距，转动转向盘要缓和，尽量减少行车制动，避免使用紧急制动。遇特大暴雨，不要贸然行驶，应选择安全地点停车，并开示廓灯和尾灯，引起来车注意。

（5）雪天行驶，在出车前要检查刮水器、玻璃加热器是否正常，并在车轮上加装防滑链。行驶中要降低车速，加大车距。避免急减速、急加速和急打转向盘。需要减速时，要利用发动机制动，尽量不要使用行车制动，避免使用紧急制动。除非十分必要，否则不要超车。

2. 注意事项

（1）汽车驾驶人要有关注天气预报的习惯，以便提前采取预防措施。在高速公路上行驶时，要注意交通情报板上的预告，以便及时防范。

（2）夜间行驶，除特殊情况不要在路肩上停车，如确因车辆故障，需停放在路肩上，应在行驶方向的后方100m处设置故障车警告标志，同时开启示廓灯和尾灯。

（3）侧向风对汽车行驶的影响随行驶速度的增大而迅速增大。例如在同样强度的侧向风作用下，行驶速度为100km/h发生的侧向偏离要比行驶速度为50km/h几乎大四倍。也就是说，侧向风的影响差不多与车速倍数的平方成比例。所以，在高速公路行驶中，如突遇侧向风，应立即降低车速。

（4）如遇浓雾使能见度极低时，应将车开到服务区停车休息，切勿勉强行驶。

（5）在雨天，高速通过积水路段时，容易出现"水面滑行"现象。出现水面滑行后，轮胎和路面间便失去摩擦力，致使汽车难以控制。一旦发生"水面滑行"现象，应及时降低车速，握紧转向盘，保持操作姿势不变，等待"水面滑行"消失。

第五节　预见性驾驶

驾驶人在行驶过程中，会遇到各式各样的突发事件，这些突发事件是造成交通事故的很重要的因素。如果驾驶人能够事先有所准备，那么在遇到突发事件时就能够当机立断采取措施，避免交通事故的发生。预见性驾驶是指采用以预防交通事故发生为主的方法来驾驶汽车，从而达到行驶安全的目的。驾驶人在驾驶汽车的过程中，要针对道路状况、交通情况和周围环境进行主动注意、分析、判断，从而对前方可能会出现的各种突发情况作出预先估计，并及时采取相应的预防措施，从而避免交通事故的发生。驾驶人如果能够熟练掌握预见性驾驶方法，就能在行驶过程中预先给自己加一道安全屏障。

一、路况信息与潜在危险（表6-1）

表6-1　路况信息与潜在危险

路况信息	应预测到的危险
前方有玩耍、上学或放学的儿童	跑到行车道上、突然改变奔跑方向
前方车辆要在道路右侧停车	有行人抢行跑上主路的危险、开车门的危险
行至没有红绿灯的十字路口	有车辆从左右方横穿的危险
前方有停放的车辆	有行人会从停放的车辆前面突然跑出的危险
对面有大型汽车左转时	有车辆会从大车背后驶来的危险
将要右转弯时，从右后方有摩托车驶来	有刮倒摩托车的危险
雨天行车，前方有行人或骑车人	行人或骑车人视觉和听觉受阻，可能听不见喇叭声
前方有人力车	速度较慢，不能及时避让车辆
前方有少年骑车人	平衡把握不好，容易摔倒或突然改变方向
前方有牲畜或畜力车	速度较慢，牲畜易受到惊吓，突然变向或奔跑
前方有聋哑人	对喇叭声没有反应，外表和正常人一样
前方有盲人	听觉灵敏，躲避车辆准确度差，易出现方向错误

二、险情的预测

1. 通过学校或单位门口

通过学校或企事业单位门口，应及时减速。在上学放学或上下班的时间段，应预测到会突然有大批学生或上下班人员涌入街道，或横穿马路。

2. 通过人行横道

驶近人行横道时，应减速或停车让行。人行横道内没有行人时，也要预测会有行人或非机动车突然急速通过。夜间通过人行横道遇到对面来车没有关闭远光灯时，应及时减速，预防在两车灯光的交汇处会有看不见的行人正在通过。

3．通过交叉路口的险情预测

（1）绿色信号灯亮，直行通过交叉路口时，应注意观察路口的各种动态。要预测到行人、非机动车突然横过道路，其他车辆违法转弯阻碍正常行驶路线。

（2）在交叉路口内与对面来的大型车辆交会时，应及时减速，谨慎驾驶。要预测到对面车辆后方可能会跟有小型机动车突然转弯。

（3）在交叉路口跟随前车右转弯时，应保持安全距离，注意观察右侧道路情况。要预测到前车会突然减速或停车，行人、非机动车会突然从车前绕行，右侧会有机动车加速直行。

（4）在交叉路口左转弯时，要预测到会有行人突然横过道路，对面左转的车辆后方有机动车直行。

（5）通过视线不良的交叉路口时，要预测到两侧路口内会有车辆急速驶出，紧急制动会发生后车追尾事故。

4．通过弯道时的险情预测

（1）通过急转弯道时，应减速靠道路右侧行驶，要预测到转弯过急会侵占对方车道，弯道对面会有来车越过道路中线占道行驶，如果是湿滑路面会发生侧滑。

（2）在狭窄的胡同里转直角弯时，要预测到直角弯内有停放的车辆或突然有行人或车辆从对面出来。

5．跟车时的险情预测

（1）跟随大型车辆行驶时，要预测到前车会突然制动减速或停车，大型车前有小型机动车突然直转或行人、非机动车突然横穿道路。

（2）跟随出租车行驶时，应保持安全距离，注意观察出租车前方动态，要预测到出租车为载客会突然停车、转弯或掉头。

6．超车时的险情预测

（1）超越前方停放的大型车辆时，靠近道路中线减速行驶，要预测到车门会突然打开，车前会有行人、非机动车横穿道路。

（2）超车时要预测到前方有来车的可能性，特别是在上坡路、弯路或视线不良的情况下。

7．山路行驶的险情预测

山路是盲区最多的路段，许多看似普通的转弯真走过去才会发现有可能是一条连续的S形弯路。因此，山路行驶要预测到连续弯道、陡坡以及盲区随时都会有对面来车等险情。

8．下坡路制动距离的预测

在下坡行驶时，一个看似不急的下坡弯道，却要比平时费更大的力气才能减下速度来。这是由于车辆在下坡时的重力加速度会让刹车系统的负担变大，而且车辆在转弯时轮胎与地面的附着力本身就要比正常路面差一些，再加上多次踩制动踏板，制动系的制动力开始衰减，所以在下坡路行驶时一定要对刹车距离有充分的预测。

预见性驾驶对于保证行车安全非常重要。各种道路交通事故往往是在一瞬间发生，做好各种突发情况的预防工作，预见性地应对道路上千变万化的情况，并采取行之有效的措施是保障行车安全的重要手段。

第六节　危险情况处理

车辆在行驶中，一旦出现转向失控、制动失灵、爆胎、火灾以及落水、碰撞、倾翻等危险情况，驾驶人应采取应急措施，避免事故发生或减轻事故的损害程度。驾驶人遇到行驶险情时，应遵循沉着冷静、先人后物、先人后己的处理原则，不要慌张，首先要保证人身安全，然后再顾及车辆和物品。驾驶人在处理险情时，应先抢救处在危险中的乘客或受伤人员，不得擅离职守，尤其是运输危险品的车辆在突遇起火，并有爆炸可能时，驾驶人应奋不顾身地将车辆驶离人群、城镇和工厂，避免损失扩大。

一、制动失灵

1. 处理方法

（1）如果汽车仪表板上的制动报警灯闪亮，应立即减速将车开到路旁停车，检查并排除故障，或与修理厂联系，待解决问题后再继续行驶。

（2）在没有先兆情况下发生制动失灵，驾驶人首先要保持冷静，立即松开加速踏板，控制好车辆行驶方向，迅速减挡。在最短的时间内将挡位减到最低挡，利用发动机的制动作用使车辆减速，最后利用驻车制动使车辆停下来。

（3）装用自动变速器的车辆，D挡没有发动机制动作用。应将操纵手柄拨到二挡或一挡位置，此时具有发动机制动作用，再利用驻车制动将车停住。

（4）如果强制减挡失败，汽车面临失控的危险，可熄火并将变速器挂最低挡。还可以利用车体与路旁的山体或路侧护栏摩擦使车辆减速。

2. 注意事项

（1）遇到制动失灵，不能心慌意乱猛拉驻车制动器操纵杆。因为轿车的驻车制动器操纵杆一般都是钢丝连接制动器，如果用力过猛，很容易将钢丝拉断。货车的驻车制动器只是利用后轮制动，如果松开过猛，容易使制动蹄片瞬间烧坏，失去仅有的制动力。因此，要缓慢加力，反复轻拉。

（2）遇到制动失灵时，要及时打开危险警告灯，以警示其他车辆注意避让。

（3）不要放空挡或熄火。强制减挡过程中注意把握换挡时机。

（4）平时应养成一个习惯，就是在即将下坡时，有意识地踩一脚制动踏板，以确定制动性能的好坏。

二、转向失灵

1. 处理方法

（1）尽快制动停车，使车辆用尽可能短的时间停下来。

（2）打开危险警告灯，鸣喇叭，提醒路上车辆和行人注意。

2. 注意事项

车辆高速行驶时转向失灵，如果不是防抱死制动系统，应采用间断制动法，使车辆在尽可能短的时间里停下来，不能急刹车，以防车辆发生侧滑、翻车。

三、轮胎突爆和车轮脱落

1. 处理方法

（1）前轮爆胎时，车辆会突然偏向爆胎的一侧。此时驾驶人不要惊慌，要用力稳住转向盘，同时缓慢制动，将车辆驶离主路。千万不要紧急制动，以免车辆甩尾或翻车。

（2）后轮爆胎时，车的尾部会摇摆、震颤，此时驾驶人要用力稳住转向盘，一般比前轮爆胎容易控制方向，同时缓慢制动，注意不要紧急制动。

（3）车轮在行驶中脱落比轮胎突爆更加危险，此时整车会失去平衡，并可能发生回转。遇到这种险情，应立即采取紧急制动，并把转向盘转向汽车回转的相反方向。

2. 注意事项

（1）轮胎突爆时，避免紧急制动，否则后果可能更加严重。

（2）驾驶人应沉着冷静，尽最大努力控制方向。

（3）车轮脱落的后果很严重，特别是前轮脱落，车辆将失控或者翻车。

四、汽车在铁轨上突然熄火

1. 处理方法

（1）组织乘车人员迅速下车，用人力将车推至安全区。

（2）调用其他车辆将故障车拖走。

（3）挂一挡或倒挡，借助起动机的动力或用手摇柄摇转曲轴，将车驶离道口。

（4）以上办法均不能奏效时，设法告知火车驾驶人，采取紧急制动措施，以减小撞车的可能性。

2. 注意事项

当车辆在火车行驶区域内，因车辆故障或驾驶失误等原因突然熄火，一时启动不了，此时驾驶人首要的任务不是去排除故障，而是设法使汽车迅速离开轨道，以免汽车与火车相撞。

五、途中熄火

1. 处理方法

（1）车辆途中熄火，应利用车辆行驶的惯性，将车辆尽快驶到路边安全地带停车，打开危险警告灯并设立警示牌。

（2）检查熄火原因，先看是否因为油箱燃油耗尽。如果是燃油耗尽，则想办法加油即可；如不是，则需要对机械和电气系统进行检测维修。如果自己不能解决故障，要尽快联系修理厂。

2. 注意事项

车辆熄火后，将使操纵装置中的制动系和转向系的功能受到影响，使转向沉重。失去真空助力后，制动效能降低。驾驶人操纵转向盘和踩刹车时一定要用力。

六、车辆发生火灾

1. 处理方法

（1）车辆自燃可能发生在行驶途中，也可能发生在停车时。一般途中发生自燃，驾驶人应立即靠边停车，熄火，将乘客疏散到安全地带，然后利用随车灭火器进行灭火。如果在停车时发现自燃，先打119火警电话报警，根据火势情况确定是否靠近扑救。

（2）车辆着火时如果车门无法打开，将风窗（挡风）玻璃打碎出去。当火焰逼近自己，无法躲避时，应用身体猛压火焰，冲出一条路。

（3）因撞车、翻车等车祸引起的火灾，应首先抢救伤员，然后对汽车采取有效的扑救措施。

2. 注意事项

（1）车辆发生火灾时，一般蔓延速度较快，要第一时间救人，然后根据具体情况抢救货物。

（2）车辆发生火灾时，一定要注意油箱可能会爆炸，在人员没受到伤害的情况下，不要盲目靠近扑火。

七、车辆落水

1. 处理方法

（1）汽车坠河下落时，一旦汽车掉进水里，应迅速判断水面的方向，估计水的深度，判断水是否能淹没车体。如果水不深，驾驶室不会被完全淹没，应待车停稳后，再设法从安全的出处脱离车辆。

（2）如果水很深，估计驾驶室会被淹没，当车内和车外水压基本平衡或驾驶室内水将要淹没头顶时，再深吸一口气，推门而出；如果门推不开，就摇下车窗玻璃；如车窗玻璃摇不下来，就用脚将玻璃踢碎后，从车窗爬出，脱离车辆。

2. 注意事项

（1）车辆在下沉过程中不要急于打开车门和车窗玻璃。因为驾驶室内没进满水之前，车门外水压力很大，车门是难以推开的，即使推开或砸碎车窗玻璃，强大的水流将向车内灌注，人也难以爬出车外。

（2）在水从各孔、缝向车内灌入的过程中，要观察一下选择从哪个门、窗逃出，同时深呼吸几次，做好憋气潜水的准备，手抓好车门把手或车窗玻璃摇把，做好开门或开窗的准备。

八、汽车将要相撞

1. 处理方法

（1）车辆在将要发生正面相撞时，为减轻事故损害程度，在车辆即将发生相撞的一刹那，驾驶人应迅速判断可能撞击的方位和力量。如果撞击的方位不在驾驶人一侧或撞击力量较小时，驾驶人应用手臂用力支撑转向盘，两腿向前蹬直，身体向后倾斜，头向后仰，以此形成与撞击时产生的较大惯性力方向相反的力，保持身体平衡，防止撞击时身体向前撞击转向盘，头部撞到挡风玻璃上受伤，扩大事故的危害程度。

（2）如果判断撞击的部位邻近驾驶座位或撞击力较大时，驾驶人要迅速躲开转向盘，往副驾驶座位移动，同时将两腿抬起。因为车体相撞时，发动机部位和转向盘都会产生大的后移。若驾驶人躲避不及时，胸部、腹部就可能被转向盘挤压，遭受伤害。

（3）如果发现侧面有车向自己的车冲来，将要发生侧面相撞时，应立即顺车转向，努力争取使侧面相撞变成碰擦，以减小损伤程度。如果自己驾驶的是载货汽车，应向来车行进方向猛打几下转向盘，及时调转车头，让车身部位与来车相撞。

（4）如果侧面来车正向驾驶人座位方向冲来，在无法避开时，驾驶人应迅速往驾驶室另一侧移动，同时用手拉着转向盘，以便控制方向，并借助转向盘稳住自己的身体。

2. 注意事项

车辆即将相撞时，驾驶人都会因紧张而不知所措，切忌忙中出错，使事故后果更加严重。

九、汽车倾翻

1. 处理方法

（1）当汽车侧翻时，驾驶人应尽快从未受压一侧的驾驶室门出来，载人的客车，应组织乘客从可以打开的车门按顺序下车以避开危险。如果车上载有货物，应将货物卸到车后路边上。设法将车身放正，有条件的可以找来吊车协助。如果没有条件，可利用木杠撬抬，同时在另一侧用绳索牵拉，使车身端正。也可用千斤顶在侧翻的一侧顶抬，当千斤顶将车身升起一点后，用砖、石、木等物塞垫，然后再用千斤顶顶升车身，再用物体塞垫，如此反复，直到可用其他方法放正车身为止。

（2）当汽车将要翻车时，驾驶人应紧紧抓住转向盘，两脚钩住踏板，使身体固定，随着车体翻转。如果车辆向深沟滚翻，应迅速趴在座椅下，抓住转向柱或踏板，身体夹在变速杆和坐垫中，稳住身体，避免身体在驾驶室里滚动而受伤。翻车时，驾驶人不可顺着翻车的方向跳车，防止跳出车外被车体重新压住，而应向车辆运行方向的后方或翻转方向相反的方向跳跃。

（3）翻车时若感到不可避免地要被抛出车外，应在被抛出车厢的瞬间，猛蹬双腿，增加向外抛出的力量，以增大离开危险区的距离。落地时，用双手抱头顺势向惯性力的方向跑动或滚动一段距离，以减轻落地的重量，躲开车体。

（4）翻车后，燃油极易外泄，此时应避免一切明火，并及时切断汽车电源，卸下蓄电池，放出油箱内的燃油，用容器装好，以防引起火灾。然后找来吊车协助将车辆吊起扶正。再用拖车将车辆拖到修理厂修理。

2．注意事项

（1）当驾驶人或乘客从侧翻的车辆里出来时，要注意车辆的平衡状况，避免车辆失去平衡再次伤人。

（2）如果驾驶人和乘客系好了安全带，翻车后不要轻易解开，以免身体脱离座椅而受伤。

📄 本章小结 ▶▶

本章介绍的汽车道路驾驶的一般方法，是一名合格的汽车驾驶人必须了解和掌握的基本技能。本章重点讲述了汽车一般道路驾驶方法，高速公路驾驶方法，预见性驾驶方法，以及复杂道路和特殊环境驾驶方法，危险情况处理方法等。通过本章的学习，学生可以对汽车驾驶的应用知识和技能有更深入的了解和掌握。

🧠 思考题 ▶▶

1. 在场内道路练习一般道路驾驶技能，掌握会车、超车、让车、跟车等驾驶技巧。
2. 利用驾驶模拟器练习复杂道路驾驶中的城市道路驾驶和山区道路驾驶技术。
3. 利用驾驶模拟器练习高速公路驾驶技术。
4. 根据预见性驾驶和危险情况处理知识在驾驶模拟器上练习综合路况驾驶技能。

第七章

机动车驾驶证申办与考试

学习目标

1.掌握科目一、科目二、科目三考试的内容及合格标准。

2.掌握科目一、科目二、科目三考试的方法与评判标准。

3.了解科目一、科目二、科目三考试的相关规定。

第一节　考试内容与合格标准

机动车驾驶证考试科目分为三大类：科目一为道路交通安全法律、法规和相关知识考试科目；科目二为场地驾驶技能考试科目；科目三为道路驾驶技能考试科目。

一、科目一考试内容与合格标准

1. 考试内容

道路通行，交通信号，道路交通安全违法行为和交通事故处理，机动车驾驶证申领和使用，机动车登记规定以及其他道路交通安全法律、法规和规章。

2. 合格标准

满分为100分，成绩达到90分及以上的为合格。

二、科目二考试内容与合格标准

1. 考试内容

（1）大型客车、重型牵引挂车、城市公交车、中型客车、大型货车考试　桩考、坡道定点停车和起步、侧方停车、通过单边桥、曲线行驶、直角转弯、通过限宽门、窄路掉头，以及模拟高速公路、连续急弯山区路、隧道、雨（雾）天、湿滑路、紧急情况处置。

（2）小型汽车、低速载货汽车考试　倒车入库、坡道定点停车和起步、侧方停车、曲线行驶、直角转弯。

（3）小型自动挡汽车、残疾人专用小型自动挡载客汽车考试　倒车入库、侧方停车、曲线行驶、直角转弯。

（4）轻型牵引挂车考试　桩考、曲线行驶、直角转弯。

（5）三轮汽车、普通三轮摩托车、普通二轮摩托车和轻便摩托车考试　桩考、坡道定点停车和起步、通过单边桥。

（6）轮式专用机械车、无轨电车、有轨电车考试　考试内容由省级公安机关交通管理部门确定。

2．考试项目

基本考试项目：侧方移位和倒车入库（桩考）、通过单边桥、坡道定点停车和起步、通过连续障碍、曲线行驶、直角转弯、侧方停车、限速通过限宽门、起伏路行驶、百米加减挡。其中，对照申请报考的准驾车型，设定必考项目如下：

（1）大型客车、城市公交车、重型牵引挂车、中型客车、大型货车准驾车型考试项目不得少于6项。

① 大型客车、城市公交车准驾车型必考项目：桩考、坡道定点停车和起步、直角转弯、通过连续障碍、通过单边桥；

② 重型牵引挂车准驾车型必考项目：桩考、坡道定点停车和起步、直角转弯、限速通过限宽门、曲线行驶；

③ 中型客车、大型货车准驾车型必考项目：桩考、坡道定点停车和起步、侧方停车、通过连续障碍、通过单边桥；

（2）小型汽车、小型自动挡汽车、低速载货汽车、普通三轮摩托车、普通二轮摩托车准驾车型考试项目不得少于4项。

① 小型汽车、低速载货汽车必考项目：桩考、侧方停车、坡道定点停车和起步；

② 小型自动挡汽车必考项目：桩考、侧方停车；

③ 普通三轮摩托车、普通二轮摩托车必考项目：桩考、坡道定点停车和起步、通过单边桥。

3．考试说明

（1）科目二考试应当先进行桩考，桩考未出现扣分情形的，补考或者重新预约考试可以不再进行桩考。

（2）考试员可以在必考项目的基础上，增加其他科目二考试项目，必须满足考试项目数量的要求。

（3）其他准驾车型的必考项目，由省级公安机关交通管理部门负责制定。

4．合格标准

满分为100分。

（1）报考大型客车、重型牵引挂车、城市公交车、中型客车、大型货车等准驾车型的，成绩达到 90 分及以上为合格。

（2）报考其他准驾车型的，成绩达到 80 分及以上的为合格。

三、科目三考试内容与合格标准

1. 考试内容

（1）在道路上驾驶机动车完成考试项目的情况。

（2）遵守交通法律、法规的情况。

（3）综合控制机动车的能力。

（4）正确使用灯光、喇叭、安全带等装置的情况。

（5）正确观察、判断道路交通情况的能力。

（6）安全驾驶行为、文明驾驶意识。

2. 考试项目

基本考试项目：上车准备、起步、直线行驶、变更车道、直行通过路口、靠边停车、通过人行横道、通过学校区域、通过公共汽车站、会车、超车、掉头、夜间行驶。

大型客车、重型牵引挂车、城市公交车、中型客车、大型货车、小型汽车、小型自动挡汽车、低速载货汽车准驾车型项目不得少于 10 项。

必考项目：上车准备、起步、直线行驶、变更车道、直行通过路口、靠边停车。其中，大型客车、重型牵引挂车、城市公交车、中型客车、大型货车准驾车型还要进行夜间或者低能见度情况下的考试；其他汽车准驾车型要抽取不少于 20% 的参加考试学员进行夜间或者低能见度状况下的考试。实际道路驾驶技能考试距离规定：大型客车、重型牵引挂车、城市公交车、中型客车、大型货车准驾车型考试距离不少于 10km；小型汽车、小型自动挡汽车准驾车型考试距离不少于 3km。

省级公安机关交通管理部门可以根据各地实际，增加汽车准驾车型的考试项目，确定其他准驾车型的考试项目。

3. 合格标准

满分为 100 分，成绩分别达到 90 分的为合格。

第二节　考试方法与评判标准

一、综合评判标准

（1）考试时出现下列情形之一的，考试不及格：

① 不按规定使用安全带或者戴安全头盔；

② 不按交通信号灯、标志、标线或者民警指挥信号行驶；

③ 车辆行驶中骑轧车道中心实线或者车道边缘实线；

④ 车速超过限速规定；

⑤ 起步时车辆后溜距离大于 30cm；

⑥ 车辆行驶方向控制差；

⑦ 驾驶汽车双手同时离开转向盘；

⑧ 单手控制转向盘时，不能有效、平稳控制行驶方向；

⑨ 换挡时低头看挡或者连续两次换挡不进；

⑩ 制动、加速踏板使用错误；

⑪ 行驶中空挡滑行；

⑫ 视线离开行驶方向超过 2s；

⑬ 行驶中不能保持安全距离和安全行车；

⑭ 争道抢行，妨碍其他车辆正常行驶；

⑮ 因观察、判断或者操作不当出现危险情况；

⑯ 不按考试员指令驾驶；

⑰ 违反交通安全法律、法规，考试员认为影响安全驾驶的；

⑱ 不能熟练掌握重型牵引挂车与轻型牵引挂车安全连接方法。

（2）考试时出现下列情形之一的，扣 20 分：

① 起步、转向、变更车道、超车、停车前不使用转向灯；

② 将车辆停在人行横道、网状线内等禁止停车区域；

③ 起步时车辆后溜，但后溜距离小于 30cm；

④ 长时间骑轧车道分界线行驶；

⑤ 转弯时，转、回方向过早、过晚，或者转向角度过大、过小；

⑥ 不主动避让行人、非机动车；

⑦ 对可能出现危险的情形未采取减速、鸣喇叭等安全措施。

（3）考试时出现下列情形之一的，扣 10 分：

① 起步、转向、变更车道、超车、停车前，开转向灯小于 3s 即转向；

② 驾驶姿势不正确；

③ 操纵转向盘手法不合理；

④ 选择挡位不当，造成车辆低挡高速行驶或者车辆抖动；

⑤ 起步挂错挡，不能及时纠正；

⑥ 换挡时发生齿轮撞击；

⑦ 遇情况时不会合理使用离合器半联动控制车速；

⑧ 因操作不当造成发动机熄火一次；

⑨ 不能根据交通情况合理使用喇叭；

⑩ 不能根据交通情况合理选择行驶车道或者行驶速度；

⑪ 制动不平顺；

⑫ 通过积水路面遇行人、非机动车时，有不减速等不文明驾驶行为。

二、科目一考试方法与评判标准

1．考试方法

科目一考试，采用笔试或机考方法。

2．考试题型

科目一考试试题为选择题和判断题两种类型，在全国统一考试题库抽取。试卷题量为 100 题，其中《中华人民共和国道路交通安全法》等法规的考题占 70%；安全驾驶、伤员急救和危险品运输知识的考题占 15%；车辆的构造、使用、日常检查、维护知识、常见故障判断知识的考题占 15%。

三、科目二考试方法与评判标准

1．考试方法

科目二的考试，采用应考者单独驾驶的方法进行考试。考试场地图形，全国统一，按报考车型选定。场地设置及操作要求见本书第五章。

2．考试车辆要求

（1）大型客车　车长不小于 9m 的大型普通载客汽车。

（2）重型牵引挂车　车长不小于 12m 的半挂汽车列车。

（3）城市公交车　车长不小于 9m 的大型普通载客汽车。

（4）中型客车　车长不小于 5.8m 的中型普通载客汽车。

（5）大型货车　车长不小于 9m，轴距不小于 5m 的重型普通载货汽车。

（6）小型汽车　车长不小于 5m 的轻型普通载货汽车，或者车长不小于 4m 的小型普通载客汽车，或者车长不小于 4m 的轿车。

（7）小型自动挡汽车　车长不小于 5m 的轻型自动挡普通载货汽车，或者车长不小于 4m 的小型自动挡普通载客汽车，或者车长不小于 4m 的自动挡轿车。

（8）普通三轮摩托车　至少有四个速度挡位的普通正三轮摩托车或者普通侧三轮摩托车。

（9）普通二轮摩托车　至少有四个速度挡位的普通二轮摩托车。

其他考试用车的条件，由省级公安机关交通管理部门负责制定。

科目三考试用车应当悬挂明显的考试车标志，安装供考试员使用的副制动装置。

3．评判标准

（1）桩考　未出现下列情形的，科目二考试合格。

① 不按规定路线、顺序行驶；

② 碰擦桩杆；

③ 车身出线；

④ 移库不入；

⑤ 在不准许停车的行驶过程中停车两次；

⑥ 发动机熄火；

⑦ 驾驶两轮车考试时单脚或双脚触地。

（2）通过连续障碍

① 不按规定路线完成的，考试不及格；

② 骑、压圆饼的，一个扣20分；

③ 车轮出路边缘线的，一次扣20分；

④ 碰、擦一个圆饼的，扣10分。

（3）通过单边桥

① 其中有一轮未上桥，扣20分；

② 已骑上桥面，在行驶中出现一个车轮掉下桥面的，扣10分。

（4）直角转弯

① 车轮触压突出点的，考试不及格；

② 车轮每触压道路边缘线一次，扣20分；

③ 倒车一次完成的，扣10分。

（5）侧方停车位

① 行驶中轮胎触压库位和车道边线的，扣10分；

② 车辆在入库停止后，车厢出库位线的，扣10分；

③ 入库后未摆正车身位置的，扣5分。

（6）上坡路定点停车与坡道起步

① 车辆保险杠未定于桩杆线上，前后超出50cm的，考试不及格；

② 起步时后溜大于30cm的，考试不及格；

③ 车辆保险杠未定于桩杆线上，前后不超过50cm的，扣20分；

④ 车身未靠边停止在距路右边线30cm内的，扣20分；

⑤ 起步时后溜车小于30cm的，扣20分。

（7）限速通过限宽门

① 速度低于20km/h通过，考试不及格；

② 每碰擦一次门悬杆，扣20分。

（8）百米加减挡

① 在百米内未完成规定加、减挡的，考试不及格；

② 熄火一次的或越级换挡的或不能单手控制方向的，扣20分。

（9）起伏路驾驶

① 通过障碍时车辆严重跳过，致使驾驶人、考试员离座的，考试不及格；

② 熄火一次，扣20分；

③ 通过障碍不平顺的，扣 10 分；

④ 提前减速不敢走车的，扣 10 分。

（10）曲线行驶

① 车轮位置判断有误，车辆挤压路边缘线的，扣 20 分；

② 控制方向时机不好，调整方向过早或过晚的，扣 10 分。

四、科目三考试方法与评判标准

1. 考试方法

科目三考试，采用监考人员和应考者同乘考试车（二轮车及无法同乘的车辆除外）的方法进行考试。场内道路驾驶考试的场地图形，全国统一。场地设置及操作要求见本书第五章。

2. 考试车辆要求

同科目二考试。

3. 评判标准

（1）上车准备

① 不绕车一周检查安全状况，不合格；

② 打开车门前不观察后方交通情况，不合格。

（2）起步

① 制动气压不足起步，不合格；

② 车门未关闭起步，不合格；

③ 起步前，未通过后视镜并向左方侧头观察左、后方交通情况，不合格；

④ 启动发动机时，变速器操纵杆未置于空挡（或者 P 挡），扣 10 分；

⑤ 不松驻车制动器起步，扣 10 分；

⑥ 道路交通情况复杂时起步不能合理使用喇叭，扣 10 分；

⑦ 起步时车辆发生闯动，扣 10 分；

⑧ 起步时，加速踏板控制不当，致使发动机转速过高，扣 5 分；

⑨ 启动发动机前，不调整驾驶座椅、后视镜，不检查仪表，扣 5 分。

（3）直线行驶

① 方向控制不稳，不能保持车辆直线运动状态，不合格；

② 遇前车制动时不采取减速措施，不合格；

③ 超过 20s 不通过后视镜观察后方交通情况，扣 10 分；

④ 不了解车辆行驶速度，扣 10 分；

⑤ 未及时发现路面障碍物，未及时采取减速措施，扣 10 分。

（4）变更车道

① 变更车道前，不通过内外后视镜观察后方道路交通状况，不合格；

② 变更车道时，判断车辆安全距离不合理，妨碍其他车辆正常行驶，不合格；

③ 连续变更两条以上车道，不合格。

（5）通过路口

① 通过路口前未减速慢行，不合格；

② 直行通过路口不观察左右后方交通情况，不合格；

③ 转弯通过路口时，未观察侧前方交通情况或未通过内、外后视镜观察侧、后方交通情况，不合格；

④ 遇有路口交通阻塞时进入路口，将车辆停在路口内等候，不合格；

⑤ 不按照规定避让行人和优先通行的车辆，不合格；

⑥ 左转通过路口时，未靠路口中心点左侧转弯，不合格。

（6）通过人行横道、学校区域和公共汽车站

① 不观察左、右方交通情况，不合格；

② 不按照规定减速慢行，不合格；

③ 遇行人通过人行横道不停车让行，不合格。

（7）会车

① 在没有中心隔离设施或者中心线的道路上会车时，不减速靠右行驶，并未与其他车辆、行人或者非机动车保持安全距离，不合格；

② 会车困难时不让行，不合格；

③ 横向安全间距判断差，紧急转向避让相对方向来车，不合格。

（8）超车

① 超车前不通过内、外后视镜观察后方和左侧交通情况，不合格；

② 超车时机选择不合理，影响其他车辆正常行驶，不合格；

③ 超车时未与被超车辆保持安全距离，不合格；

④ 超车后急转向驶回本车道，妨碍被超车辆正常行驶，不合格；

⑤ 从右侧超车，不合格；

⑥ 当后车发出超车信号后，具备让车条件不减速靠右让行，扣10分。

（9）靠边停车

① 停车前，不通过内外后视镜观察后方和左侧交通情况，不合格；

② 停车后，车身超过道路右侧边缘线或者人行道边缘，不合格；

③ 停车后，在车内开门前不侧头观察侧后方和左侧交通情况，不合格；

④ 停车后，车身距离道路右侧边缘线或人行道边缘大于30cm，扣20分；

⑤ 停车后，未拉紧驻车制动器，扣20分；

⑥ 拉紧驻车制动器前放松行车制动踏板，扣10分；

⑦ 下车后不关车门，扣10分；

⑧ 下车前不将发动机熄火，扣5分；

⑨ 夜间在路边临时停车不关闭前照灯或不开启警示灯，扣 5 分。

（10）掉头

① 不能正确观察交通情况选择掉头时机，不合格；

② 掉头地点选择不当，不合格；

③ 掉头时，妨碍正常行驶的其他车辆和行人通行，不合格。

（11）夜间行驶

① 不能正确开启灯光，不合格；

② 同方向近距离跟车行驶时使用远光灯，不合格；

③ 通过急弯、坡路、拱桥、人行横道或者没有交通信号灯控制的路口时，不交替使用远、近光灯示意，不合格；

④ 会车时不按规定使用灯光，不合格；

⑤ 在路口转弯时，使用远光灯，不合格；

⑥ 超车时未变换使用远、近光灯提醒被超越车辆，不合格；

⑦ 对低能见度道路情况判断差，不合格；

⑧ 在有路灯、照明良好的道路上行驶时使用远光灯，不合格。

第三节　考试规定

一、组织方法

考试顺序按照科目一、科目二／科目三道路驾驶技能、科目三安全文明驾驶常识依次进行，科目一考试合格后，方准参加后一科目的考试。

初次申请机动车驾驶证或者申请增加准驾车型的，科目一考试合格后，车辆管理所应当在一日内核发学习驾驶证明。学习驾驶证明的有效期为三年。申请人应当在有效期内完成科目二和科目三考试。

二、考试预约

初次申请机动车驾驶证或者申请增加准驾车型的，申请人预约考试科目二，应当符合下列规定：

（1）报考小型汽车、小型自动挡汽车、低速载货汽车、三轮汽车、残疾人专用小型自动挡载客汽车、轮式专用机械车、无轨电车、有轨电车准驾车型的，在取得学习驾驶证明满十日后预约考试。

（2）报考大型客车、重型牵引挂车、城市公交车、中型客车、大型货车、轻型牵引挂车准驾车型的，在取得学习驾驶证明满二十日后预约考试。

初次申请机动车驾驶证或者申请增加准驾车型的，申请人预约考试科目三，应当符合下列规定：

（1）报考小型自动挡汽车、残疾人专用小型自动挡载客汽车、低速载货汽车、三轮汽车准驾车型的，在取得学习驾驶证明满二十日后预约考试。

（2）报考小型汽车、轮式专用机械车、无轨电车、有轨电车准驾车型的，在取得学习驾驶证明满三十日后预约考试。

（3）报考大型客车、重型牵引挂车、城市公交车、中型客车、大型货车准驾车型的，在取得学习驾驶证明满四十日后预约考试。

三、其他部分规定

（1）持军队、武装警察部队机动车驾驶证的人申请大型客车、重型牵引挂车、城市公交车、中型客车、大型货车准驾车型机动车驾驶证的，应当考试科目一和科目三；申请其他准驾车型机动车驾驶证的，免于考试核发机动车驾驶证。

（2）持境外机动车驾驶证申请机动车驾驶证的，应当考试科目一。申请准驾车型为大型客车、重型牵引挂车、城市公交车、中型客车、大型货车机动车驾驶证的，应当考试科目一、科目二和科目三。外国驻华使馆、领馆人员及国际组织代表机构人员申请的，应当按照外交对等原则执行。

（3）每个科目考试一次，考试不合格的，可以补考一次。不参加补考或者补考仍不合格的，本次考试终止，申请人应当重新预约考试，但科目二、科目三考试应当在十日后预约。科目三安全文明驾驶常识考试不合格的，已通过的道路驾驶技能考试成绩有效。在学习驾驶证明有效期内，科目二和科目三道路驾驶技能考试预约考试的次数分别不得超过五次。第五次考试仍不合格的，已考试合格的其他科目成绩作废。

（4）考试后应当当场公布，讲评考试不合格原因。

（5）每个科目的考试成绩单应当有申请人和考试员的签名。未签名的不得核发机动车驾驶证。

📋 本章小结 ▶▶

本章主要介绍了申办机动车驾驶证考试的内容、考试方法、合格标准、评判标准以及考试相关规定。通过本章的学习，学生可以了解申办机动车驾驶证的程序、考试内容、合格标准和评判标准，为将来考取机动车驾驶证打下基础。

🔖 思考题 ▶▶

1. 科目一、科目三的考试内容及合格标准。
2. 科目二考试的内容和意义是什么？
3. 考试预约在时间间隔上都有哪些规定？

附 录

机动车驾驶证申领和使用规定

（2025 年 1 月 1 日实施版本）

目 录

第一章　总　　则

第一条　为了规范机动车驾驶证申领和使用，保障道路交通安全，保护公民、法人和其他组织的合法权益，根据《中华人民共和国道路交通安全法》及其实施条例、《中华人民共和国行政许可法》，制定本规定。

第二条　本规定由公安机关交通管理部门负责实施。

省级公安机关交通管理部门负责本省（自治区、直辖市）机动车驾驶证业务工作的指导、检查和监督。直辖市公安机关交通管理部门车辆管理所、设区的市或者相当于同级的公安机关交通管理部门车辆管理所负责办理本行政区域内机动车驾驶证业务。

县级公安机关交通管理部门车辆管理所可以办理本行政区域内除大型客车、重型牵引挂车、城市公交车、中型客车、大型货车场地驾驶技能、道路驾驶技能考试以外的其他机动车驾驶证业务。具体业务范围和办理条件由省级公安机关交通管理部门确定。

第三条 车辆管理所办理机动车驾驶证业务，应当遵循依法、公开、公正、便民的原则。

车辆管理所办理机动车驾驶证业务，应当依法受理申请人的申请，审查申请人提交的材料。对符合条件的，按照规定的标准、程序和期限办理机动车驾驶证。对申请材料不齐全或者不符合法定形式的，应当一次书面或者电子告知申请人需要补正的全部内容。对不符合条件的，应当书面或者电子告知理由。

车辆管理所应当将法律、行政法规和本规定的有关办理机动车驾驶证的事项、条件、依据、程序、期限以及收费标准、需要提交的全部材料的目录和申请表示范文本等在办公场所公示。

省级、设区的市或者相当于同级的公安机关交通管理部门应当在互联网上发布信息，便于群众查阅办理机动车驾驶证的有关规定，查询驾驶证使用状态、交通违法及记分等情况，下载、使用有关表格。

第四条 车辆管理所办理机动车驾驶证业务时，应当按照减环节、减材料、减时限的要求，积极推行一次办结、限时办结等制度，为申请人提供规范、便利、高效的服务。

公安机关交通管理部门应当积极推进与有关部门信息互联互通，对实现信息共享、网上核查的，申请人免予提交相关证明凭证。

公安机关交通管理部门应当按照就近办理、便捷办理的原则，推进在驾驶人考场、政务服务大厅等地设置服务站点，方便申请人办理机动车驾驶证业务，并在办公场所和互联网公示辖区内的业务办理网点、地址、联系电话、办公时间和业务范围。

第五条 车辆管理所应当使用全国统一的计算机管理系统办理机动车驾驶证业务、核发机动车驾驶证。

计算机管理系统的数据库标准和软件全国统一，能够完整、准确地记录和存储机动车驾驶证业务办理、驾驶人考试等全过程和经办人员信息，并能够实时将有关信息传送到全国公安交通管理信息系统。

第六条 车辆管理所应当使用互联网交通安全综合服务管理平台受理申请人网上提交的申请，验证申请人身份，按规定办理机动车驾驶证业务。

互联网交通安全综合服务管理平台信息管理系统数据库标准和软件全国统一。

第七条 申请办理机动车驾驶证业务的，应当如实向车辆管理所提交规定的材料，如实申告规定的事项，并对其申请材料实质内容的真实性负责。

第八条 公安机关交通管理部门应当建立机动车驾驶证业务监督制度，加强对驾驶人考试、驾驶证核发和使用的监督管理。

第九条 车辆管理所办理机动车驾驶证业务时可以依据相关法律法规认可、使用电子签名、电子印章、电子证照。

第二章 机动车驾驶证申请

第一节 机动车驾驶证

第十条 驾驶机动车，应当依法取得机动车驾驶证。

第十一条 机动车驾驶人准予驾驶的车型顺序依次分为：大型客车、重型牵引挂车、城市公交车、中型客车、大型货车、小型汽车、小型自动挡汽车、低速载货汽车、三轮汽车、残疾人专用小型自动挡载客汽车、轻型牵引挂车、普通三轮摩托车、普通二轮摩托车、轻便摩托车、轮式专用机械车、无轨电车和有轨电车（附件1）。

第十二条 机动车驾驶证记载和签注以下内容：

（一）机动车驾驶人信息：姓名、性别、出生日期、国籍、住址、身份证明号码（机动车驾驶证号码）、照片；

（二）车辆管理所签注内容：初次领证日期、准驾车型代号、有效期限、核发机关印章、档案编号、准予驾驶机动车听力辅助条件。

第十三条 机动车驾驶证有效期分为六年、十年和长期。

第二节 申 请

第十四条 申请机动车驾驶证的人，应当符合下列规定：

（一）年龄条件：

1. 申请小型汽车、小型自动挡汽车、残疾人专用小型自动挡载客汽车、轻便摩托车准驾车型的，在18周岁以上；

2. 申请普通三轮摩托车、普通二轮摩托车准驾车型的，在18周岁以上，70周岁以下；

3. 申请轻型牵引挂车准驾车型的，在20周岁以上，70周岁以下；

4. 申请低速载货汽车、三轮汽车、轮式专用机械车准驾车型的，在18周岁以上，63周岁以下；

5. 申请城市公交车、中型客车、大型货车、无轨电车或者有轨电车准驾车型的，在20周岁以上，63周岁以下；

6. 申请大型客车、重型牵引挂车准驾车型的，在22周岁以上，63周岁以下；

7. 接受全日制驾驶职业教育的学生，申请大型客车、重型牵引挂车准驾车型的，在19周岁以上，63周岁以下。

（二）身体条件：

1. 身高：申请大型客车、重型牵引挂车、城市公交车、大型货车、无轨电车准驾车型的，身高为155厘米以上。申请中型客车准驾车型的，身高为150厘米以上。

2. 视力：申请大型客车、重型牵引挂车、城市公交车、中型客车、大型货车、无轨电车或者有轨电车准驾车型的，两眼裸视力或者矫正视力达到对数视力表 5.0 以上。申请其他准驾车型的，两眼裸视力或者矫正视力达到对数视力表 4.9 以上。单眼视力障碍，优眼裸视力或者矫正视力达到对数视力表 5.0 以上，且水平视野达到 150 度的，可以申请小型汽车、小型自动挡汽车、低速载货汽车、三轮汽车、残疾人专用小型自动挡载客汽车准驾车型的机动车驾驶证。

3. 辨色力：无红绿色盲。

4. 听力：两耳分别距音叉 50 厘米能辨别声源方向。有听力障碍但佩戴助听设备能够达到以上条件的，可以申请小型汽车、小型自动挡汽车准驾车型的机动车驾驶证。

5. 上肢：双手拇指健全，每只手其他手指必须有三指健全，肢体和手指运动功能正常。但手指末节残缺或者左手有三指健全，且双手手掌完整的，可以申请小型汽车、小型自动挡汽车、低速载货汽车、三轮汽车准驾车型的机动车驾驶证。

6. 下肢：双下肢健全且运动功能正常，不等长度不得大于 5 厘米。单独左下肢缺失或者丧失运动功能，但右下肢正常的，可以申请小型自动挡汽车准驾车型的机动车驾驶证。

7. 躯干、颈部：无运动功能障碍。

8. 右下肢、双下肢缺失或者丧失运动功能但能够自主坐立，且上肢符合本项第 5 目规定的，可以申请残疾人专用小型自动挡载客汽车准驾车型的机动车驾驶证。一只手掌缺失，另一只手拇指健全，其他手指有两指健全，上肢和手指运动功能正常，且下肢符合本项第 6 目规定的，可以申请残疾人专用小型自动挡载客汽车准驾车型的机动车驾驶证。

9. 年龄在 70 周岁以上能够通过记忆力、判断力、反应力等能力测试的，可以申请小型汽车、小型自动挡汽车、残疾人专用小型自动挡载客汽车、轻便摩托车准驾车型的机动车驾驶证。

第十五条 有下列情形之一的，不得申请机动车驾驶证：

（一）有器质性心脏病、癫痫病、美尼尔氏症、眩晕症、癔病、震颤麻痹、精神病、痴呆以及影响肢体活动的神经系统疾病等妨碍安全驾驶疾病的；

（二）三年内有吸食、注射毒品行为或者解除强制隔离戒毒措施未满三年，以及长期服用依赖性精神药品成瘾尚未戒除的；

（三）造成交通事故后逃逸构成犯罪的；

（四）饮酒后或者醉酒驾驶机动车发生重大交通事故构成犯罪的；

（五）醉酒驾驶机动车或者饮酒后驾驶营运机动车依法被吊销机动车驾驶证未满五年的；

（六）醉酒驾驶营运机动车依法被吊销机动车驾驶证未满十年的；

（七）驾驶机动车追逐竞驶、超员、超速、违反危险化学品安全管理规定运输危险化学品构成犯罪依法被吊销机动车驾驶证未满五年的；

（八）因本款第四项以外的其他违反交通管理法律法规的行为发生重大交通事故构成犯罪依法被吊销机动车驾驶证未满十年的；

（九）因其他情形依法被吊销机动车驾驶证未满二年的；

（十）驾驶许可依法被撤销未满三年的；

（十一）未取得机动车驾驶证驾驶机动车，发生负同等以上责任交通事故造成人员重伤或者死亡未满十年的；

（十二）三年内有代替他人参加机动车驾驶人考试行为的；

（十三）法律、行政法规规定的其他情形。

未取得机动车驾驶证驾驶机动车，有第一款第五项至第八项行为之一的，在规定期限内不得申请机动车驾驶证。

第十六条 初次申领机动车驾驶证的，可以申请准驾车型为城市公交车、大型货车、小型汽车、小型自动挡汽车、低速载货汽车、三轮汽车、残疾人专用小型自动挡载客汽车、普通三轮摩托车、普通二轮摩托车、轻便摩托车、轮式专用机械车、无轨电车、有轨电车的机动车驾驶证。

已持有机动车驾驶证，申请增加准驾车型的，可以申请增加的准驾车型为大型客车、重型牵引挂车、城市公交车、中型客车、大型货车、小型汽车、小型自动挡汽车、低速载货汽车、三轮汽车、轻型牵引挂车、普通三轮摩托车、普通二轮摩托车、轻便摩托车、轮式专用机械车、无轨电车、有轨电车。

第十七条 已持有机动车驾驶证，申请增加准驾车型的，应当在本记分周期和申请前最近一个记分周期内没有记满12分记录。申请增加轻型牵引挂车、中型客车、重型牵引挂车、大型客车准驾车型的，还应当符合下列规定：

（一）申请增加轻型牵引挂车准驾车型的，已取得驾驶小型汽车、小型自动挡汽车准驾车型资格一年以上；

（二）申请增加中型客车准驾车型的，已取得驾驶城市公交车、大型货车、小型汽车、小型自动挡汽车、低速载货汽车或者三轮汽车准驾车型资格二年以上，并在申请前最近连续二个记分周期内没有记满12分记录；

（三）申请增加重型牵引挂车准驾车型的，已取得驾驶中型客车或者大型货车准驾车型资格二年以上，或者取得驾驶大型客车准驾车型资格一年以上，并在申请前最近连续二个记分周期内没有记满12分记录；

（四）申请增加大型客车准驾车型的，已取得驾驶城市公交车、中型客车准驾车型资格二年以上、已取得驾驶大型货车准驾车型资格三年以上，或者取得驾驶重型牵引挂车准驾车型资格一年以上，并在申请前最近连续三个记分周期内没有记满12分记录。

正在接受全日制驾驶职业教育的学生，已在校取得驾驶小型汽车准驾车型资格，并在本记分周期和申请前最近一个记分周期内没有记满12分记录的，可以申请增加大型客车、重型牵引挂车准驾车型。

第十八条 有下列情形之一的，不得申请大型客车、重型牵引挂车、城市公交车、中型客车、大型货车准驾车型：

（一）发生交通事故造成人员死亡，承担同等以上责任的；

（二）醉酒后驾驶机动车的；

（三）再次饮酒后驾驶机动车的；

（四）有吸食、注射毒品后驾驶机动车行为的，或者有执行社区戒毒、强制隔离戒毒、社区康复措施记录的；

（五）驾驶机动车追逐竞驶、超员、超速、违反危险化学品安全管理规定运输危险化学品构成犯罪的；

（六）被吊销或者撤销机动车驾驶证未满十年的；

（七）未取得机动车驾驶证驾驶机动车，发生负同等以上责任交通事故造成人员重伤或者死亡的。

第十九条　持有军队、武装警察部队机动车驾驶证，符合本规定的申请条件，可以申请对应准驾车型的机动车驾驶证。

第二十条　持有境外机动车驾驶证，符合本规定的申请条件，且取得该驾驶证时在核发国家或者地区一年内累计居留九十日以上的，可以申请对应准驾车型的机动车驾驶证。属于申请准驾车型为大型客车、重型牵引挂车、中型客车机动车驾驶证的，还应当取得境外相应准驾车型机动车驾驶证二年以上。

第二十一条　持有境外机动车驾驶证，需要临时驾驶机动车的，应当按规定向车辆管理所申领临时机动车驾驶许可。

对入境短期停留的，可以申领有效期为三个月的临时机动车驾驶许可；停居留时间超过三个月的，有效期可以延长至一年。

临时入境机动车驾驶人的临时机动车驾驶许可在一个记分周期内累积记分达到 12 分，未按规定参加道路交通安全法律、法规和相关知识学习、考试的，不得申请机动车驾驶证或者再次申请临时机动车驾驶许可。

第二十二条　申领机动车驾驶证的人，按照下列规定向车辆管理所提出申请：

（一）在户籍所在地居住的，应当在户籍所在地提出申请；

（二）在户籍所在地以外居住的，可以在居住地提出申请；

（三）现役军人（含武警），应当在部队驻地提出申请；

（四）境外人员，应当在居留地或者居住地提出申请；

（五）申请增加准驾车型的，应当在所持机动车驾驶证核发地提出申请；

（六）接受全日制驾驶职业教育，申请增加大型客车、重型牵引挂车准驾车型的，应当在接受教育地提出申请。

第二十三条　申请机动车驾驶证，应当确认申请信息，并提交以下证明：

（一）申请人的身份证明；

（二）医疗机构出具的有关身体条件的证明。

第二十四条　持军队、武装警察部队机动车驾驶证的人申请机动车驾驶证，应当确认申请信息，并提交以下证明、凭证：

（一）申请人的身份证明。属于复员、转业、退伍的人员，还应当提交军队、武装警察部队核发的复员、转业、退伍证明。

（二）医疗机构出具的有关身体条件的证明。

（三）军队、武装警察部队机动车驾驶证。

第二十五条 持境外机动车驾驶证的人申请机动车驾驶证，应当确认申请信息，并提交以下证明、凭证：

（一）申请人的身份证明。

（二）医疗机构出具的有关身体条件的证明。

（三）所持机动车驾驶证。属于非中文表述的，还应当提供翻译机构出具或者公证机构公证的中文翻译文本。

属于外国驻华使馆、领馆人员及国际组织驻华代表机构人员申请的，按照外交对等原则执行。

属于内地居民申请的，还应当提交申请人的护照或者往来港澳通行证、往来台湾通行证。

第二十六条 实行小型汽车、小型自动挡汽车驾驶证自学直考的地方，申请人可以使用加装安全辅助装置的自备机动车，在具备安全驾驶经历等条件的人员随车指导下，按照公安机关交通管理部门指定的路线、时间学习驾驶技能，按照第二十三条的规定申请相应准驾车型的驾驶证。

小型汽车、小型自动挡汽车驾驶证自学直考管理制度由公安部另行规定。

第二十七条 申请机动车驾驶证的人，符合本规定要求的驾驶许可条件，有下列情形之一的，可以按照第十六条第一款和第二十三条的规定直接申请相应准驾车型的机动车驾驶证考试：

（一）原机动车驾驶证因超过有效期未换证被注销的；

（二）原机动车驾驶证因未提交身体条件证明被注销的；

（三）原机动车驾驶证由本人申请注销的；

（四）原机动车驾驶证因身体条件暂时不符合规定被注销的；

（五）原机动车驾驶证或者准驾车型资格因其他原因被注销的，但机动车驾驶证被吊销或者被撤销的除外；

（六）持有的军队、武装警察部队机动车驾驶证超过有效期的；

（七）持有境外机动车驾驶证或者境外机动车驾驶证超过有效期的。

有前款第六项、第七项规定情形之一的，还应当提交机动车驾驶证。

第二十八条 申请人提交的证明、凭证齐全、符合法定形式的，车辆管理所应当受理，并按规定审查申请人的机动车驾驶证申请条件。属于第二十五条规定情形的，还应当核查申请人的出入境记录；属于第二十七条第一款第一项至第五项规定情形之一的，还应当核查申请人的驾驶经历；属于正在接受全日制驾驶职业教育的学生，申请增加大型客车、重型牵引挂车准驾车型的，还应当核查申请人的学籍。

公安机关交通管理部门已经实现与医疗机构等单位联网核查的，申请人免予提交身体条件证明等证明、凭证。

对于符合申请条件的，车辆管理所应当按规定安排预约考试；不需要考试的，一日内核发机动车驾驶证。申请人属于复员、转业、退伍人员持军队、武装警察部队机动车驾驶证申请机动车驾驶证的，应当收回军队、武装警察部队机动车驾驶证。

第二十九条　车辆管理所对申请人的申请条件及提交的材料、申告的事项有疑义的，可以对实质内容进行调查核实。

调查时，应当询问申请人并制作询问笔录，向证明、凭证的核发机关核查。

经调查，申请人不符合申请条件的，不予办理；有违法行为的，依法予以处理。

第三章　机动车驾驶人考试

第一节　考试内容和合格标准

第三十条　机动车驾驶人考试内容分为道路交通安全法律、法规和相关知识考试科目（以下简称"科目一"）、场地驾驶技能考试科目（以下简称"科目二"）、道路驾驶技能和安全文明驾驶常识考试科目（以下简称"科目三"）。

已持有小型自动挡汽车准驾车型驾驶证申请增加小型汽车准驾车型的，应当考试科目二和科目三。

已持有大型客车、城市公交车、中型客车、大型货车、小型汽车、小型自动挡汽车准驾车型驾驶证申请增加轻型牵引挂车准驾车型的，应当考试科目二和科目三安全文明驾驶常识。

已持有轻便摩托车准驾车型驾驶证申请增加普通三轮摩托车、普通二轮摩托车准驾车型的，或者持有普通二轮摩托车驾驶证申请增加普通三轮摩托车准驾车型的，应当考试科目二和科目三。

已持有大型客车、重型牵引挂车、城市公交车、中型客车、大型货车、小型汽车、小型自动挡汽车准驾车型驾驶证的机动车驾驶人身体条件发生变化，不符合所持机动车驾驶证准驾车型的条件，但符合残疾人专用小型自动挡载客汽车准驾车型条件，申请变更的，应当考试科目二和科目三。

第三十一条　考试内容和合格标准全国统一，根据不同准驾车型规定相应的考试项目。

第三十二条　科目一考试内容包括：道路通行、交通信号、道路交通安全违法行为和交通事故处理、机动车驾驶证申领和使用、机动车登记等规定以及其他道路交通安全法律、法规和规章。

第三十三条　科目二考试内容包括：

（一）大型客车、重型牵引挂车、城市公交车、中型客车、大型货车考试桩考、坡道定点停车和起步、侧方停车、通过单边桥、曲线行驶、直角转弯、通过限宽门、窄路掉头，以及模拟高速公路、连续急弯山区路、隧道、雨（雾）天、湿滑路、紧急情况处置；

（二）小型汽车、低速载货汽车考试倒车入库、坡道定点停车和起步、侧方停车、曲线行驶、直角转弯；

（三）小型自动挡汽车、残疾人专用小型自动挡载客汽车考试倒车入库、侧方停车、曲线行驶、直角转弯；

（四）轻型牵引挂车考试桩考、曲线行驶、直角转弯；

（五）三轮汽车、普通三轮摩托车、普通二轮摩托车和轻便摩托车考试桩考、坡道定点停车和起步、通过单边桥；

（六）轮式专用机械车、无轨电车、有轨电车的考试内容由省级公安机关交通管理部门确定。

对第一款第一项至第三项规定的准驾车型，省级公安机关交通管理部门可以根据实际增加考试内容。

第三十四条 科目三道路驾驶技能考试内容包括：大型客车、重型牵引挂车、城市公交车、中型客车、大型货车、小型汽车、小型自动挡汽车、低速载货汽车和残疾人专用小型自动挡载客汽车考试上车准备、起步、直线行驶、加减挡位操作、变更车道、靠边停车、直行通过路口、路口左转弯、路口右转弯、通过人行横道线、通过学校区域、通过公共汽车站、会车、超车、掉头、夜间行驶；其他准驾车型的考试内容，由省级公安机关交通管理部门确定。

大型客车、重型牵引挂车、城市公交车、中型客车、大型货车考试里程不少于 10 公里，其中初次申领城市公交车、大型货车准驾车型的，白天考试里程不少于 5 公里，夜间考试里程不少于 3 公里。小型汽车、小型自动挡汽车、低速载货汽车、残疾人专用小型自动挡载客汽车考试里程不少于 3 公里。不进行夜间考试的，应当进行模拟夜间灯光考试。

对大型客车、重型牵引挂车、城市公交车、中型客车、大型货车准驾车型，省级公安机关交通管理部门应当根据实际增加山区、隧道、陡坡等复杂道路驾驶考试内容。对其他汽车准驾车型，省级公安机关交通管理部门可以根据实际增加考试内容。

第三十五条 科目三安全文明驾驶常识考试内容包括：安全文明驾驶操作要求、恶劣气象和复杂道路条件下的安全驾驶知识、爆胎等紧急情况下的临危处置方法、防范次生事故处置知识、伤员急救知识等。

第三十六条 持军队、武装警察部队机动车驾驶证的人申请大型客车、重型牵引挂车、城市公交车、中型客车、大型货车准驾车型机动车驾驶证的，应当考试科目一和科目三；申请其他准驾车型机动车驾驶证的，免予考试核发机动车驾驶证。

第三十七条 持境外机动车驾驶证申请机动车驾驶证的，应当考试科目一。申请准驾车型为大型客车、重型牵引挂车、城市公交车、中型客车、大型货车机动车驾驶证的，应当考试科目一、科目二和科目三。

属于外国驻华使馆、领馆人员及国际组织驻华代表机构人员申请的，应当按照外交对等原则执行。

第三十八条 各科目考试的合格标准为：

（一）科目一考试满分为 100 分，成绩达到 90 分的为合格；

（二）科目二考试满分为 100 分，考试大型客车、重型牵引挂车、城市公交车、中型客车、大型货车、轻型牵引挂车准驾车型的，成绩达到 90 分的为合格，其他准驾车型的成绩达到 80 分的为合格；

（三）科目三道路驾驶技能和安全文明驾驶常识考试满分分别为 100 分，成绩分别达到 90 分的为合格。

第二节 考试要求

第三十九条 车辆管理所应当按照预约的考场和时间安排考试。申请人科目一考试合格后，可以预约科目二或者科目三道路驾驶技能考试。有条件的地方，申请人可以同时预约科目二、科目三道路驾驶技能考试，预约成功后可以连续进行考试。科目二、科目三道路驾驶技能考试均合格后，申请人可以当日参加科目三安全文明驾驶常识考试。

申请人申请大型客车、重型牵引挂车、城市公交车、中型客车、大型货车、轻型牵引挂车驾驶证，因当地尚未设立科目二考场的，可以选择省（自治区）内其他考场参加考试。

申请人申领小型汽车、小型自动挡汽车、低速载货汽车、三轮汽车、残疾人专用小型自动挡载客汽车、轻型牵引挂车驾驶证期间，已通过部分科目考试后，居住地发生变更的，可以申请变更考试地，在现居住地预约其他科目考试。申请变更考试地不得超过三次。

车辆管理所应当使用全国统一的考试预约系统，采用互联网、电话、服务窗口等方式供申请人预约考试。

第四十条 初次申请机动车驾驶证或者申请增加准驾车型的，科目一考试合格后，车辆管理所应当在一日内核发学习驾驶证明。

属于第三十条第二款至第四款规定申请增加准驾车型以及第五款规定申请变更准驾车型的，受理后直接核发学习驾驶证明。

属于自学直考的，车辆管理所还应当按规定发放学车专用标识（附件 2）。

第四十一条 申请人在场地和道路上学习驾驶，应当按规定取得学习驾驶证明。学习驾驶证明的有效期为三年，但有效期截止日期不得超过申请年龄条件上限。申请人应当在有效期内完成科目二和科目三考试。未在有效期内完成考试的，已考试合格的科目成绩作废。

学习驾驶证明可以采用纸质或者电子形式，纸质学习驾驶证明和电子学习驾驶证明具有同等效力。申请人可以通过互联网交通安全综合服务管理平台打印或者下载学习驾驶证明。

第四十二条 申请人在道路上学习驾驶，应当随身携带学习驾驶证明，使用教练车或者学车专用标识签注的自学用车，在教练员或者学车专用标识签注的指导人员随车指导下，按照公安机关交通管理部门指定的路线、时间进行。

申请人为自学直考人员的，在道路上学习驾驶时，应当在自学用车上按规定放置、粘贴学车专用标识，自学用车不得搭载随车指导人员以外的其他人员。

第四十三条 初次申请机动车驾驶证或者申请增加准驾车型的，申请人预约考试科目二，应当符合下列规定：

（一）报考小型汽车、小型自动挡汽车、低速载货汽车、三轮汽车、残疾人专用小型自动挡载客汽车、轮式专用机械车、无轨电车、有轨电车准驾车型的，在取得学习驾驶证明满十日后预约考试；

（二）报考大型客车、重型牵引挂车、城市公交车、中型客车、大型货车、轻型牵引挂车准驾车型的，在取得学习驾驶证明满二十日后预约考试。

第四十四条 初次申请机动车驾驶证或者申请增加准驾车型的，申请人预约考试科目三，应当符合下列规定：

（一）报考小型自动挡汽车、残疾人专用小型自动挡载客汽车、低速载货汽车、三轮汽车准驾车型的，在取得学习驾驶证明满二十日后预约考试。

（二）报考小型汽车、轮式专用机械车、无轨电车、有轨电车准驾车型的，在取得学习驾驶证明满三十日后预约考试。

（三）报考大型客车、重型牵引挂车、城市公交车、中型客车、大型货车准驾车型的，在取得学习驾驶证明满四十日后预约考试。属于已经持有汽车类驾驶证，申请增加准驾车型的，在取得学习驾驶证明满三十日后预约考试。

第四十五条 持军队、武装警察部队或者境外机动车驾驶证申请机动车驾驶证的，应当自车辆管理所受理之日起三年内完成科目考试。

第四十六条 申请人因故不能按照预约时间参加考试的，应当提前一日申请取消预约。对申请人未按照预约考试时间参加考试的，判定该次考试不合格。

第四十七条 每个科目考试一次，考试不合格的，可以补考一次。不参加补考或者补考仍不合格的，本次考试终止，申请人应当重新预约考试，但科目二、科目三考试应当在十日后预约。科目三安全文明驾驶常识考试不合格的，已通过的道路驾驶技能考试成绩有效。

在学习驾驶证明有效期内，科目二和科目三道路驾驶技能考试预约考试的次数分别不得超过五次。第五次考试仍不合格的，已考试合格的其他科目成绩作废。

第四十八条 车辆管理所组织考试前应当使用全国统一的计算机管理系统当日随机选配考试员，随机安排考生分组，随机选取考试路线。

第四十九条 从事考试工作的人员，应当持有公安机关交通管理部门颁发的资格证书。公安机关交通管理部门应当在公安民警、警务辅助人员中选拔足够数量的考试员，从事考试工作。可以聘用运输企业驾驶人、警风警纪监督员等人员承担考试辅助工作和监督职责。

考试员应当认真履行考试职责，严格按照规定考试，接受社会监督。在考试前应当自我介绍，讲解考试要求，核实申请人身份；考试中应当严格执行考试程序，按照考试项目和考试标准评定考试成绩；考试后应当当场公布考试成绩，讲评考试不合格原因。

每个科目的考试成绩单应当有申请人和考试员的签名。未签名的不得核发机动车驾驶证。

第五十条　考试员、考试辅助人员及考场工作人员应当严格遵守考试工作纪律，不得为不符合机动车驾驶许可条件、未经考试、考试不合格人员签注合格考试成绩，不得减少考试项目、降低评判标准或者参与、协助、纵容考试作弊，不得参与或者变相参与驾驶培训机构、社会考场经营活动，不得收取驾驶培训机构、社会考场、教练员、申请人的财物。

第五十一条　直辖市、设区的市或者相当于同级的公安机关交通管理部门应当根据本地考试需求建设考场，配备足够数量的考试车辆。对考场布局、数量不能满足本地考试需求的，应当采取政府购买服务等方式使用社会考场，并按照公平竞争、择优选定的原则，依法通过公开招标等程序确定。对考试供给能力能够满足考试需求的，应当及时向社会公告，不再购买社会考场服务。

考试场地建设、路段设置、车辆配备、设施设备配置以及考试项目、评判要求应当符合相关标准。考试场地、考试设备和考试系统应当经省级公安机关交通管理部门验收合格后方可使用。公安机关交通管理部门应当加强对辖区考场的监督管理，定期开展考试场地、考试车辆、考试设备和考场管理情况的监督检查。

第三节　考试监督管理

第五十二条　车辆管理所应当在办事大厅、候考场所和互联网公开各考场的考试能力、预约计划、预约人数和约考结果等情况，公布考场布局、考试路线和流程。考试预约计划应当至少在考试前十日在互联网上公开。

车辆管理所应当在候考场所、办事大厅向群众直播考试视频，考生可以在考试结束后三日内查询自己的考试视频资料。

第五十三条　车辆管理所应当严格比对、核验考生身份，对考试过程进行全程录音、录像，并实时监控考试过程，没有使用录音、录像设备的，不得组织考试。严肃考试纪律，规范考场秩序，对考场秩序混乱的，应当中止考试。考试过程中，考试员应当使用执法记录仪记录监考过程。

车辆管理所应当建立音视频信息档案，存储录音、录像设备和执法记录仪记录的音像资料。建立考试质量抽查制度，每日抽查音视频信息档案，发现存在违反考试纪律、考场秩序混乱以及音视频信息缺失或者不完整的，应当进行调查处理。

省级公安机关交通管理部门应当定期抽查音视频信息档案，及时通报、纠正、查处发现的问题。

第五十四条　车辆管理所应当根据考试场地、考试设备、考试车辆、考试员数量等实际情况，核定每个考场、每个考试员每日最大考试量。

车辆管理所应当根据驾驶培训主管部门提供的信息对驾驶培训机构教练员、教练车、训练场地等情况进行备案。

第五十五条 公安机关交通管理部门应当建立业务监督管理中心，通过远程监控、数据分析、日常检查、档案抽查、业务回访等方式，对机动车驾驶人考试和机动车驾驶证业务办理情况进行监督管理。

直辖市、设区的市或者相当于同级的公安机关交通管理部门应当通过监管系统每周对机动车驾驶人考试情况进行监控、分析，及时查处整改发现的问题。省级公安机关交通管理部门应当通过监管系统每月对机动车驾驶人考试情况进行监控、分析，及时查处、通报发现的问题。

车辆管理所存在为未经考试或者考试不合格人员核发机动车驾驶证等严重违规办理机动车驾驶证业务情形的，上级公安机关交通管理部门可以暂停该车辆管理所办理相关业务或者指派其他车辆管理所人员接管业务。

第五十六条 县级公安机关交通管理部门办理机动车驾驶证业务的，办公场所、设施设备、人员资质和信息系统等应当满足业务办理需求，并符合相关规定和标准要求。

直辖市、设区的市公安机关交通管理部门应当加强对县级公安机关交通管理部门办理机动车驾驶证相关业务的指导、培训和监督管理。

第五十七条 公安机关交通管理部门应当对社会考场的场地设施、考试系统、考试工作等进行统一管理。

社会考场的考试系统应当接入机动车驾驶人考试管理系统，实时上传考试过程录音录像、考试成绩等信息。

第五十八条 直辖市、设区的市或者相当于同级的公安机关交通管理部门应当每月向社会公布车辆管理所考试员考试质量情况、三年内驾龄驾驶人交通违法率和交通肇事率等信息。

直辖市、设区的市或者相当于同级的公安机关交通管理部门应当每月向社会公布辖区内驾驶培训机构的考试合格率、三年内驾龄驾驶人交通违法率和交通肇事率等信息，按照考试合格率、三年内驾龄驾驶人交通违法率和交通肇事率对驾驶培训机构培训质量公开排名，并通报培训主管部门。

第五十九条 对三年内驾龄驾驶人发生一次死亡 3 人以上交通事故且负主要以上责任的，省级公安机关交通管理部门应当倒查车辆管理所考试、发证情况，向社会公布倒查结果。对三年内驾龄驾驶人发生一次死亡 1 至 2 人的交通事故且负主要以上责任的，直辖市、设区的市或者相当于同级的公安机关交通管理部门应当组织责任倒查。

直辖市、设区的市或者相当于同级的公安机关交通管理部门发现驾驶培训机构及其教练员存在缩短培训学时、减少培训项目以及贿赂考试员、以承诺考试合格等名义向学员索取财物、参与违规办理驾驶证或者考试舞弊行为的，应当通报培训主管部门，并向社会公布。

公安机关交通管理部门发现考场、考试设备生产销售企业及其工作人员存在组织或者参与考试舞弊、伪造或者篡改考试系统数据的，不得继续使用该考场或者采购该企业考试设备；构成犯罪的，依法追究刑事责任。

第四章　发证、换证、补证

第六十条　申请人考试合格后，应当接受不少于半小时的交通安全文明驾驶常识和交通事故案例警示教育，并参加领证宣誓仪式。

车辆管理所应当在申请人参加领证宣誓仪式的当日核发机动车驾驶证。

第六十一条　公安机关交通管理部门应当实行机动车驾驶证电子化，机动车驾驶人可以通过互联网交通安全综合服务管理平台申请机动车驾驶证电子版。

机动车驾驶证电子版与纸质版具有同等效力。

第六十二条　机动车驾驶人在机动车驾驶证的六年有效期内，每个记分周期均未记满12分的，换发十年有效期的机动车驾驶证；在机动车驾驶证的十年有效期内，每个记分周期均未记满12分的，换发长期有效的机动车驾驶证。

第六十三条　机动车驾驶人应当于机动车驾驶证有效期满前九十日内，向机动车驾驶证核发地或者核发地以外的车辆管理所申请换证。申请时应当确认申请信息，并提交以下证明、凭证：

（一）机动车驾驶人的身份证明；

（二）医疗机构出具的有关身体条件的证明。

第六十四条　机动车驾驶人户籍迁出原车辆管理所管辖区的，应当向迁入地车辆管理所申请换证。机动车驾驶人在核发地车辆管理所管辖区以外居住的，可以向居住地车辆管理所申请换证。申请时应当确认申请信息，提交机动车驾驶人的身份证明和机动车驾驶证，并申报身体条件情况。

第六十五条　年龄在63周岁以上的，不得驾驶大型客车、重型牵引挂车、城市公交车、中型客车、大型货车、轮式专用机械车、无轨电车和有轨电车。持有大型客车、重型牵引挂车、城市公交车、中型客车、大型货车驾驶证的，应当到机动车驾驶证核发地或者核发地以外的车辆管理所换领准驾车型为小型汽车或者小型自动挡汽车的机动车驾驶证，其中属于持有重型牵引挂车驾驶证的，还可以保留轻型牵引挂车准驾车型。但年龄在63周岁以上，需要申请继续驾驶大型客车、重型牵引挂车、城市公交车、中型客车、人型货车、轮式专用机械车、无轨电车和有轨电车，通过记忆力、判断力、反应力等能力测试的，可以在年满63周岁前一年内向机动车驾驶证核发地或者核发地以外的车辆管理所申请延长原准驾车型驾驶资格期限，延长期限最长不超过三年。

年龄在70周岁以上的，不得驾驶低速载货汽车、三轮汽车、轻型牵引挂车、普通三轮摩托车、普通二轮摩托车。持有普通三轮摩托车、普通二轮摩托车驾驶证的，应当到机动车驾驶证核发地或者核发地以外的车辆管理所换领准驾车型为轻便摩托车的机动车驾驶证；持有驾驶证包含轻型牵引挂车准驾车型的，应当到机动车驾驶证核发地或者核发地以外的车辆管理所换领准驾车型为小型汽车或者小型自动挡汽车的机动车驾驶证。

有前两款规定情形之一的，车辆管理所应当通知机动车驾驶人在三十日内办理换证业务。机动车驾驶人逾期未办理的，车辆管理所应当公告准驾车型驾驶资格作废。

申请时应当确认申请信息，并提交第六十三条规定的证明、凭证。

机动车驾驶人自愿降低准驾车型的，应当确认申请信息，并提交机动车驾驶人的身份证明和机动车驾驶证。

第六十六条 有下列情形之一的，机动车驾驶人应当在三十日内到机动车驾驶证核发地或者核发地以外的车辆管理所申请换证：

（一）在车辆管理所管辖区域内，机动车驾驶证记载的机动车驾驶人信息发生变化的；

（二）机动车驾驶证损毁无法辨认的。

申请时应当确认申请信息，并提交机动车驾驶人的身份证明；属于第一款第一项的，还应当提交机动车驾驶证；属于身份证明号码变更的，还应当提交相关变更证明。

第六十七条 机动车驾驶人身体条件发生变化，不符合所持机动车驾驶证准驾车型的条件，但符合准予驾驶的其他准驾车型条件的，应当在三十日内到机动车驾驶证核发地或者核发地以外的车辆管理所申请降低准驾车型。申请时应当确认申请信息，并提交机动车驾驶人的身份证明、医疗机构出具的有关身体条件的证明。

机动车驾驶人身体条件发生变化，不符合第十四条第二项规定或者具有第十五条规定情形之一，不适合驾驶机动车的，应当在三十日内到机动车驾驶证核发地车辆管理所申请注销。申请时应当确认申请信息，并提交机动车驾驶人的身份证明和机动车驾驶证。

机动车驾驶人身体条件不适合驾驶机动车的，不得驾驶机动车。

第六十八条 车辆管理所对符合第六十三条至第六十六条、第六十七条第一款规定的，应当在一日内换发机动车驾驶证。对符合第六十七条第二款规定的，应当在一日内注销机动车驾驶证。其中，对符合第六十四条、第六十五条、第六十六条第一款第一项、第六十七条规定的，还应当收回原机动车驾驶证。

第六十九条 机动车驾驶证遗失的，机动车驾驶人应当向机动车驾驶证核发地或者核发地以外的车辆管理所申请补发。申请时应当确认申请信息，并提交机动车驾驶人的身份证明。符合规定的，车辆管理所应当在一日内补发机动车驾驶证。

机动车驾驶人补领机动车驾驶证后，原机动车驾驶证作废，不得继续使用。

机动车驾驶证被依法扣押、扣留或者暂扣期间，机动车驾驶人不得申请补发。

第七十条 机动车驾驶人向核发地以外的车辆管理所申请办理第六十三条、第六十五条、第六十六条、第六十七条第一款、第六十九条规定的换证、补证业务时，应当同时按照第六十四条规定办理。

第五章　机动车驾驶人管理

第一节　审　验

第七十一条 公安机关交通管理部门对机动车驾驶人的道路交通安全违法行为，除依法给予行政处罚外，实行道路交通安全违法行为累积记分制度，记分周期为 12 个月，满分为12 分。

机动车驾驶人在一个记分周期内记分达到 12 分的，应当按规定参加学习、考试。

第七十二条　机动车驾驶人应当按照法律、行政法规的规定，定期到公安机关交通管理部门接受审验。

机动车驾驶人按照本规定第六十三条、第六十四条换领机动车驾驶证时，应当接受公安机关交通管理部门的审验。

持有大型客车、重型牵引挂车、城市公交车、中型客车、大型货车驾驶证的驾驶人，应当在每个记分周期结束后三十日内到公安机关交通管理部门接受审验。但在一个记分周期内没有记分记录的，免予本记分周期审验。

持有第三款规定以外准驾车型驾驶证的驾驶人，发生交通事故造成人员死亡承担同等以上责任未被吊销机动车驾驶证的，应当在本记分周期结束后三十日内到公安机关交通管理部门接受审验。

年龄在 70 周岁以上的机动车驾驶人发生责任交通事故造成人员重伤或者死亡的，应当在本记分周期结束后三十日内到公安机关交通管理部门接受审验。

机动车驾驶人可以在机动车驾驶证核发地或者核发地以外的地方参加审验、提交身体条件证明。

第七十三条　机动车驾驶证审验内容包括：

（一）道路交通安全违法行为、交通事故处理情况；

（二）身体条件情况；

（三）道路交通安全违法行为记分及记满 12 分后参加学习和考试情况。

持有大型客车、重型牵引挂车、城市公交车、中型客车、大型货车驾驶证一个记分周期内有记分的，以及持有其他准驾车型驾驶证发生交通事故造成人员死亡承担同等以上责任未被吊销机动车驾驶证的驾驶人，审验时应当参加不少于三小时的道路交通安全法律法规、交通安全文明驾驶、应急处置等知识学习，并接受交通事故案例警示教育。

年龄在 70 周岁以上的机动车驾驶人审验时还应当按照规定进行记忆力、判断力、反应力等能力测试。

对道路交通安全违法行为或者交通事故未处理完毕的，身体条件不符合驾驶许可条件的，未按照规定参加学习、教育和考试的，不予通过审验。

第七十四条　年龄在 70 周岁以上的机动车驾驶人，应当每年进行一次身体检查，在记分周期结束后三十日内，提交医疗机构出具的有关身体条件的证明。

持有残疾人专用小型自动挡载客汽车驾驶证的机动车驾驶人，应当每三年进行一次身体检查，在记分周期结束后三十日内，提交医疗机构出具的有关身体条件的证明。

机动车驾驶人按照本规定第七十二条第三款、第四款规定参加审验时，应当申报身体条件情况。

第七十五条　机动车驾驶人因服兵役、出国（境）等原因，无法在规定时间内办理驾驶证期满换证、审验、提交身体条件证明的，可以在驾驶证有效期内或者有效期届满一年内向机动车驾驶证核发地车辆管理所申请延期办理。申请时应当确认申请信息，并提交机动车驾驶人的身份证明。

延期期限最长不超过三年。延期期间机动车驾驶人不得驾驶机动车。

第二节　监督管理

第七十六条　机动车驾驶人初次取得汽车类准驾车型或者初次取得摩托车类准驾车型后的 12 个月为实习期。

在实习期内驾驶机动车的，应当在车身后部粘贴或者悬挂统一式样的实习标志（附件 3）。

第七十七条　机动车驾驶人在实习期内不得驾驶公共汽车、营运客车或者执行任务的警车、消防车、救护车、工程救险车以及载有爆炸物品、易燃易爆化学物品、剧毒或者放射性等危险物品的机动车；驾驶的机动车不得牵引挂车。

驾驶人在实习期内驾驶机动车上高速公路行驶，应当由持相应或者包含其准驾车型驾驶证三年以上的驾驶人陪同。其中，驾驶残疾人专用小型自动挡载客汽车的，可以由持有小型自动挡载客汽车以上准驾车型驾驶证的驾驶人陪同。

在增加准驾车型后的实习期内，驾驶原准驾车型的机动车时不受上述限制。

第七十八条　持有准驾车型为残疾人专用小型自动挡载客汽车的机动车驾驶人驾驶机动车时，应当按规定在车身设置残疾人机动车专用标志（附件 4）。

有听力障碍的机动车驾驶人驾驶机动车时，应当佩戴助听设备。有视力矫正的机动车驾驶人驾驶机动车时，应当佩戴眼镜。

第七十九条　机动车驾驶人有下列情形之一的，车辆管理所应当注销其机动车驾驶证：

（一）死亡的；

（二）提出注销申请的；

（三）丧失民事行为能力，监护人提出注销申请的；

（四）身体条件不适合驾驶机动车的；

（五）有器质性心脏病、癫痫病、美尼尔氏症、眩晕症、癔病、震颤麻痹、精神病、痴呆以及影响肢体活动的神经系统疾病等妨碍安全驾驶疾病的；

（六）被查获有吸食、注射毒品后驾驶机动车行为，依法被责令社区戒毒、社区康复或者决定强制隔离戒毒，或者长期服用依赖性精神药品成瘾尚未戒除的；

（七）代替他人参加机动车驾驶人考试的；

（八）超过机动车驾驶证有效期一年以上未换证的；

（九）年龄在 70 周岁以上，在一个记分周期结束后一年内未提交身体条件证明的；或者持有残疾人专用小型自动挡载客汽车准驾车型，在三个记分周期结束后一年内未提交身体条件证明的；

（十）年龄在 63 周岁以上，所持机动车驾驶证只具有轮式专用机械车、无轨电车或者有轨电车准驾车型，或者年龄在 70 周岁以上，所持机动车驾驶证只具有低速载货汽车、三轮汽车准驾车型的；

（十一）机动车驾驶证依法被吊销或者驾驶许可依法被撤销的。

有第一款第二项至第十一项情形之一，未收回机动车驾驶证的，应当公告机动车驾驶证作废。

有第一款第八项情形被注销机动车驾驶证未超过二年的，机动车驾驶人参加道路交通安全法律、法规和相关知识考试合格后，可以恢复驾驶资格。申请人可以向机动车驾驶证核发地或者核发地以外的车辆管理所申请。

有第一款第九项情形被注销机动车驾驶证，机动车驾驶证在有效期内或者超过有效期不满一年的，机动车驾驶人提交身体条件证明后，可以恢复驾驶资格。申请人可以向机动车驾驶证核发地或者核发地以外的车辆管理所申请。

有第一款第二项至第九项情形之一，按照第二十七条规定申请机动车驾驶证，有道路交通安全违法行为或者交通事故未处理记录的，应当将道路交通安全违法行为、交通事故处理完毕。

第八十条 机动车驾驶人在实习期内发生的道路交通安全违法行为被记满 12 分的，注销其实习的准驾车型驾驶资格。

第八十一条 机动车驾驶人联系电话、联系地址等信息发生变化的，应当在信息变更后三十日内，向驾驶证核发地车辆管理所备案。

持有大型客车、重型牵引挂车、城市公交车、中型客车、大型货车驾驶证的驾驶人从业单位等信息发生变化的，应当在信息变更后三十日内，向从业单位所在地车辆管理所备案。

第八十二条 道路运输企业应当定期将聘用的机动车驾驶人向所在地公安机关交通管理部门备案，督促及时处理道路交通安全违法行为、交通事故和参加机动车驾驶证审验。

公安机关交通管理部门应当每月向辖区内交通运输主管部门、运输企业通报机动车驾驶人的道路交通安全违法行为、记分和交通事故等情况。

第八十三条 车辆管理所在办理驾驶证核发及相关业务过程中发现存在以下情形的，应当及时开展调查：

（一）涉嫌提交虚假申请材料的；

（二）涉嫌在考试过程中有贿赂、舞弊行为的；

（三）涉嫌以欺骗、贿赂等不正当手段取得机动车驾驶证的；

（四）涉嫌使用伪造、变造的机动车驾驶证的；

（五）存在短期内频繁补换领、转出转入驾驶证等异常情形的；

（六）存在其他违法违规情形的。

车辆管理所发现申请人通过互联网办理驾驶证补证、换证等业务存在前款规定嫌疑情形的，应当转为现场办理，当场审查申请材料，及时开展调查。

第八十四条 车辆管理所开展调查时，可以通知申请人协助调查，询问嫌疑情况，记录调查内容，并可以采取实地检查、调取档案、调取考试视频监控等方式进行核查。

对经调查发现涉及行政案件或者刑事案件的，应当依法采取必要的强制措施或者其他处置措施，移交有管辖权的公安机关按照《公安机关办理行政案件程序规定》、《公安机关办理刑事案件程序规定》等规定办理。

第八十五条 办理残疾人专用小型自动挡载客汽车驾驶证业务时，提交的身体条件证明应当由经省级卫生健康行政部门认定的专门医疗机构出具。办理其他机动车驾驶证业务时，提交的身体条件证明应当由县级、部队团级以上医疗机构，或者经地市级以上卫生健康行政部门认定的具有健康体检资质的二级以上医院、乡镇卫生院、社区卫生服务中心、健康体检中心等医疗机构出具。

身体条件证明自出具之日起六个月内有效。

公安机关交通管理部门应当会同卫生健康行政部门在办公场所和互联网公示辖区内可以出具有关身体条件证明的医疗机构名称、地址及联系方式。

第八十六条 医疗机构出具虚假身体条件证明的，公安机关交通管理部门应当停止认可该医疗机构出具的证明，并通报卫生健康行政部门。

第三节　校车驾驶人管理

第八十七条 校车驾驶人应当依法取得校车驾驶资格。

取得校车驾驶资格应当符合下列条件：

（一）取得相应准驾车型驾驶证并具有三年以上驾驶经历，年龄符合国家校车驾驶资格条件；

（二）最近连续三个记分周期内没有被记满 12 分记录；

（三）无致人死亡或者重伤的交通事故责任记录；

（四）无酒后驾驶或者醉酒驾驶机动车记录，最近一年内无驾驶客运车辆超员、超速等严重道路交通安全违法行为记录；

（五）无犯罪记录；

（六）身心健康，无传染性疾病，无癫痫病、精神病等可能危及行车安全的疾病病史，无酗酒、吸毒行为记录。

第八十八条 机动车驾驶人申请取得校车驾驶资格，应当向县级或者设区的市级公安机关交通管理部门提出申请，确认申请信息，并提交以下证明、凭证：

（一）申请人的身份证明；

（二）机动车驾驶证；

（三）医疗机构出具的有关身体条件的证明。

第八十九条 公安机关交通管理部门自受理申请之日起五日内审查提交的证明、凭证，并向所在地县级公安机关核查，确认申请人无犯罪、吸毒行为记录。对符合条件的，在机动车驾驶证上签注准许驾驶校车及相应车型，并通报教育行政部门；不符合条件的，应当书面说明理由。

第九十条 校车驾驶人应当在每个记分周期结束后三十日内到公安机关交通管理部门接受审验。审验时，应当提交医疗机构出具的有关身体条件的证明，参加不少于三小时的道路交通安全法律法规、交通安全文明驾驶、应急处置等知识学习，并接受交通事故案例警示教育。

第九十一条 公安机关交通管理部门应当与教育行政部门和学校建立校车驾驶人的信息交换机制，每月通报校车驾驶人的交通违法、交通事故和审验等情况。

第九十二条 校车驾驶人有下列情形之一的，公安机关交通管理部门应当注销其校车驾驶资格，通知机动车驾驶人换领机动车驾驶证，并通报教育行政部门和学校：

（一）提出注销申请的；

（二）年龄超过国家校车驾驶资格条件；

（三）在致人死亡或者重伤的交通事故负有责任的；

（四）有酒后驾驶或者醉酒驾驶机动车，以及驾驶客运车辆超员、超速等严重道路交通安全违法行为的；

（五）有记满12分或者犯罪记录的；

（六）有传染性疾病，癫痫病、精神病等可能危及行车安全的疾病，有酗酒、吸毒行为记录的。

未收回签注校车驾驶许可的机动车驾驶证的，应当公告其校车驾驶资格作废。

第六章 法律责任

第九十三条 申请人隐瞒有关情况或者提供虚假材料申领机动车驾驶证的，公安机关交通管理部门不予受理或者不予办理，处五百元以下罚款；申请人在一年内不得再次申领机动车驾驶证。

申请人在考试过程中有贿赂、舞弊行为的，取消考试资格，已经通过考试的其他科目成绩无效，公安机关交通管理部门处二千元以下罚款；申请人在一年内不得再次申领机动车驾驶证。

申请人以欺骗、贿赂等不正当手段取得机动车驾驶证的，公安机关交通管理部门收缴机动车驾驶证，撤销机动车驾驶许可，处二千元以下罚款；申请人在三年内不得再次申领机动车驾驶证。

组织、参与实施前三款行为之一牟取经济利益的，由公安机关交通管理部门处违法所得三倍以上五倍以下罚款，但最高不超过十万元。

申请人隐瞒有关情况或者提供虚假材料申请校车驾驶资格的，公安机关交通管理部门不予受理或者不予办理，处五百元以下罚款；申请人在一年内不得再次申请校车驾驶资格。申请人以欺骗、贿赂等不正当手段取得校车驾驶资格的，公安机关交通管理部门撤销校车驾驶资格，处二千元以下罚款；申请人在三年内不得再次申请校车驾驶资格。

第九十四条 申请人在教练员或者学车专用标识签注的指导人员随车指导下，使用符合规定的机动车学习驾驶中有道路交通安全违法行为或者发生交通事故的，按照《道路交通安全法实施条例》第二十条规定，由教练员或者随车指导人员承担责任。

第九十五条 申请人在道路上学习驾驶时，有下列情形之一的，由公安机关交通管理部门对教练员或者随车指导人员处二十元以上二百元以下罚款：

（一）未按照公安机关交通管理部门指定的路线、时间进行的；

（二）未按照本规定第四十二条规定放置、粘贴学车专用标识的。

第九十六条 申请人在道路上学习驾驶时，有下列情形之一的，由公安机关交通管理部门对教练员或者随车指导人员处二百元以上五百元以下罚款：

（一）未使用符合规定的机动车的；

（二）自学用车搭载随车指导人员以外的其他人员的。

第九十七条 申请人在道路上学习驾驶时，有下列情形之一的，由公安机关交通管理部门按照《道路交通安全法》第九十九条第一款第一项规定予以处罚：

（一）未取得学习驾驶证明的；

（二）没有教练员或者随车指导人员的；

（三）由不符合规定的人员随车指导的。

将机动车交由有前款规定情形之一的申请人驾驶的，由公安机关交通管理部门按照《道路交通安全法》第九十九条第一款第二项规定予以处罚。

第九十八条 机动车驾驶人有下列行为之一的，由公安机关交通管理部门处二十元以上二百元以下罚款：

（一）机动车驾驶人补换领机动车驾驶证后，继续使用原机动车驾驶证的；

（二）在实习期内驾驶机动车不符合第七十七条规定的；

（三）持有大型客车、重型牵引挂车、城市公交车、中型客车、大型货车驾驶证的驾驶人，未按照第八十一条规定申报变更信息的。

有第一款第一项规定情形的，由公安机关交通管理部门收回原机动车驾驶证。

第九十九条 机动车驾驶人有下列行为之一的，由公安机关交通管理部门处二百元以上五百元以下罚款：

（一）机动车驾驶证被依法扣押、扣留或者暂扣期间，采用隐瞒、欺骗手段补领机动车驾驶证的；

（二）机动车驾驶人身体条件发生变化不适合驾驶机动车，仍驾驶机动车的；

（三）逾期不参加审验仍驾驶机动车的。

有第一款第一项、第二项规定情形之一的，由公安机关交通管理部门收回机动车驾驶证。

第一百条 机动车驾驶人参加审验教育时在签注学习记录、学习过程中弄虚作假的，相应学习记录无效，重新参加审验学习，由公安机关交通管理部门处一千元以下罚款。

代替实际机动车驾驶人参加审验教育的，由公安机关交通管理部门处二千元以下罚款。

组织他人实施前两款行为之一，有违法所得的，由公安机关交通管理部门处违法所得三倍以下罚款，但最高不超过二万元；没有违法所得的，由公安机关交通管理部门处二万元以下罚款。

第一百零一条　省、自治区、直辖市公安厅、局可以根据本地区的实际情况，在本规定的处罚幅度范围内，制定具体的执行标准。

对本规定的道路交通安全违法行为的处理程序按照《道路交通安全违法行为处理程序规定》执行。

第一百零二条　公安机关交通管理部门及其交通警察、警务辅助人员办理机动车驾驶证业务、开展机动车驾驶人考试工作，应当接受监察机关、公安机关督察审计部门等依法实施的监督。

公安机关交通管理部门及其交通警察、警务辅助人员办理机动车驾驶证业务、开展机动车驾驶人考试工作，应当自觉接受社会和公民的监督。

第一百零三条　交通警察有下列情形之一的，按照有关规定给予处分；聘用人员有下列情形之一的予以解聘。构成犯罪的，依法追究刑事责任：

（一）为不符合机动车驾驶许可条件、未经考试、考试不合格人员签注合格考试成绩或者核发机动车驾驶证的；

（二）减少考试项目、降低评判标准或者参与、协助、纵容考试作弊的；

（三）为不符合规定的申请人发放学习驾驶证明、学车专用标识的；

（四）与非法中介串通牟取经济利益的；

（五）违反规定侵入机动车驾驶证管理系统，泄露、篡改、买卖系统数据，或者泄露系统密码的；

（六）违反规定向他人出售或者提供机动车驾驶证信息的；

（七）参与或者变相参与驾驶培训机构、社会考场、考试设备生产销售企业经营活动的；

（八）利用职务上的便利索取、收受他人财物或者牟取其他利益的。

交通警察未按照第五十二条第一款规定使用执法记录仪的，根据情节轻重，按照有关规定给予处分。

公安机关交通管理部门有第一款所列行为之一的，按照有关规定对直接负责的主管人员和其他直接责任人员给予相应的处分。

第七章　附　则

第一百零四条　国家之间对机动车驾驶证有互相认可协议的，按照协议办理。

国家之间签订有关协定涉及机动车驾驶证的，按照协定执行。

第一百零五条　机动车驾驶人可以委托代理人代理换证、补证、提交身体条件证明、提交审验材料、延期办理和注销业务。代理人申请机动车驾驶证业务时，应当提交代理人的身份证明和机动车驾驶人的委托书。

第一百零六条 公安机关交通管理部门应当实行驾驶人考试、驾驶证管理档案电子化。机动车驾驶证电子档案与纸质档案具有同等效力。

第一百零七条 机动车驾驶证、临时机动车驾驶许可和学习驾驶证明的式样由公安部统一制定并监制。

机动车驾驶证、临时机动车驾驶许可和学习驾驶证明的制作应当按照中华人民共和国公共安全行业标准《中华人民共和国机动车驾驶证件》执行。

第一百零八条 拖拉机驾驶证的申领和使用另行规定。拖拉机驾驶证式样、规格应当符合中华人民共和国公共安全行业标准《中华人民共和国机动车驾驶证件》的规定。

第一百零九条 本规定下列用语的含义：

（一）身份证明是指：

1. 居民的身份证明，是居民身份证或者临时居民身份证。

2. 现役军人（含武警）的身份证明，是居民身份证或者临时居民身份证。在未办理居民身份证前，是军队有关部门核发的军官证、文职干部证、士兵证、离休证、退休证等有效军人身份证件，以及其所在的团级以上单位出具的部队驻地住址证明。

3. 香港、澳门特别行政区居民的身份证明，是港澳居民居住证；或者是其所持有的港澳居民来往内地通行证或者外交部核发的中华人民共和国旅行证，以及公安机关出具的住宿登记证明。

4. 台湾地区居民的身份证明，是台湾居民居住证；或者是其所持有的公安机关核发的五年有效的台湾居民来往大陆通行证或者外交部核发的中华人民共和国旅行证，以及公安机关出具的住宿登记证明。

5. 定居国外的中国公民的身份证明，是中华人民共和国护照和公安机关出具的住宿登记证明。

6. 外国人的身份证明，是其所持有的有效护照或者其他国际旅行证件，停居留期三个月以上的有效签证或者停留、居留许可，以及公安机关出具的住宿登记证明；或者是外国人永久居留身份证。

7. 外国驻华使馆、领馆人员、国际组织驻华代表机构人员的身份证明，是外交部核发的有效身份证件。

（二）住址是指：

1. 居民的住址，是居民身份证或者临时居民身份证记载的住址。

2. 现役军人（含武警）的住址，是居民身份证或者临时居民身份证记载的住址。在未办理居民身份证前，是其所在的团级以上单位出具的部队驻地住址。

3. 境外人员的住址，是公安机关出具的住宿登记证明记载的地址。

4. 外国驻华使馆、领馆人员及国际组织驻华代表机构人员的住址，是外交部核发的有效身份证件记载的地址。

（三）境外机动车驾驶证是指外国、香港和澳门特别行政区、台湾地区核发的具有单独驾驶资格的正式机动车驾驶证，不包括学习驾驶证、临时驾驶证、实习驾驶证。

（四）汽车类驾驶证是指大型客车、重型牵引挂车、城市公交车、中型客车、大型货车、小型汽车、小型自动挡汽车、低速载货汽车、三轮汽车、残疾人专用小型自动挡汽车、轻型牵引挂车、轮式专用机械车、无轨电车、有轨电车准驾车型驾驶证。摩托车类驾驶证是指普通三轮摩托车、普通二轮摩托车、轻便摩托车准驾车型驾驶证。

第一百一十条　本规定所称"一日"、"三日"、"五日"，是指工作日，不包括节假日。

本规定所称"以上"、"以下"，包括本数。

第一百一十一条　本规定自 2022 年 4 月 1 日起施行。2012 年 9 月 12 日发布的《机动车驾驶证申领和使用规定》（公安部令第 123 号）和 2016 年 1 月 29 日发布的《公安部关于修改〈机动车驾驶证申领和使用规定〉的决定》（公安部令第 139 号）同时废止。本规定生效后，公安部以前制定的规定与本规定不一致的，以本规定为准。

附件：1. 准驾车型及代号

2. 学车专用标识式样

3. 实习标志式样

4. 残疾人机动车专用标志

（以上附件略，详情请登录公安部网站）

参考文献

［1］ 张西振.汽车发动机构造与维修.北京：机械工业出版社，2005.

［2］ 晏克非.汽车行驶基本原理与性能.北京：人民交通出版社，1997.

［3］ 范立.汽车驾驶与交通安全.北京：人民交通出版社，2004.

［4］ 姚时俊.汽车驾照考领指南.2版.北京：人民交通出版社，2009.

［5］ 宋立达.汽车驾驶经验宝典.北京：中央编译出版社，2005.

［6］ 中华人民共和国道路交通安全法.北京：法律出版社，2021.

［7］ 中华人民共和国交通部.安全驾驶从这里开始.北京：人民交通出版社，2005.

［8］ 机动车驾驶培训教学与考试大纲.北京：人民交通出版社股份有限公司，2022.